O APETITE DO BEM E A VONTADE

QUAESTIONES DISPUTATAE DE VERITATE

QUESTÃO 22

O livro é a porta que se abre para a realização do homem.

Jair Lot Vieira

TOMÁS DE AQUINO

O APETITE DO BEM E A VONTADE

QUAESTIONES DISPUTATAE DE VERITATE

QUESTÃO 22

TRADUÇÃO, EDIÇÃO E NOTAS
PAULO FAITANIN E BERNARDO VEIGA

edipro

O APETITE DO BEM E A VONTADE
[QUAESTIONES DISPUTATAE DE VERITATE – QUESTÃO 22]

TOMÁS DE AQUINO

TRADUÇÃO, EDIÇÃO E NOTAS: PAULO FAITANIN E BERNARDO VEIGA

1ª Edição 2015

Logo do Instituto Aquinate: Wood engraving by Reynolds Stone, in Saint Thomas Aquinas, Selected writings, New York: The heritage Press, 1971, p. 1.

Instituto Aquinate

Editores: Jair Lot Vieira e Maíra Lot Vieira Micales
Coordenação editorial: Fernanda Godoy Tarcinalli
Coordenador do Projeto "Questões disputadas": Bernardo Veiga
Revisão: Beatriz Rodrigues de Lima
Diagramação e Arte: Karine Moreto Massoca

Dados Internacionais de Catalogação na Publicação (CIP)
(Câmara Brasileira do Livro, SP, Brasil)

Tomás de Aquino, Santo, 1225-1274.
O apetite do bem e a vontade: quaestiones disputatae de veritate: questão 22 / Tomás de Aquino; tradução, edição e notas Paulo Faitanin e Bernardo Veiga. – São Paulo: EDIPRO, 2015.

Título original: Quaestiones disputatae de veritate : quaestio 22 : de appetite et voluntate.
Bibliografia
ISBN 978-85-7283-921-1

1. Bem e mal – Obras anteriores a 1800 2. Livre-arbítrio e determinismo – Obras anteriores a 1800 3. Tomás de Aquino, Santo, 1225?-1274 I. Faitanin, Paulo. II. Veiga, Bernardo. III. Título.

15-01761 CDD-189.4

Índice para catálogo sistemático:
1. Tomás de Aquino : Filosofia medieval 189.4

edipro
edições profissionais ltda.

São Paulo: Fone (11) 3107-4788 – Fax (11) 3107-0061
Bauru: Fone (14) 3234-4121 – Fax (14) 3234-4122
www.edipro.com.br

Sumário

Apresentação

TOMÁS DE AQUINO [1225-1274], filósofo e teólogo dominicano, escreveu diversas obras, e entre as mais importantes contamos as famosas *Questões Disputadas*, fruto de uma metodologia original e própria da atividade acadêmica da universidade medieval. Delas derivam as mais célebres contribuições do tomismo para a filosofia e teologia. Neste método medieval, Tomás inicia com uma pergunta [questão] e a desenvolve em artigos. Cada questão disputada pode conter diversos artigos. Cada artigo considera uma parte da questão mediante uma pergunta; é composto de argumentos pró e contra e de uma conclusão, na qual aparece a resposta do autor à pergunta elaborada na forma de artigo, que, por sua vez, compõe a questão. Em cada artigo Tomás procede da seguinte maneira: ante a pergunta proposta num artigo da questão, ele a afirma ou nega, expondo em contrário diversos argumentos. Em seguida, toma um ou mais argumentos fortes, que são contrários àqueles diversos raciocínios que se seguiram à pergunta inicial. Então, logo após esses argumentos, ele inicia uma resposta, em conformidade com o que pretende demonstrar, escrevendo no corpo do artigo uma conclusão, que é simultaneamente resposta à pergunta feita inicialmente, e termina esclarecendo as dificuldades ou contradições dos primeiros argumentos expostos.

O *Instituto Aquinate*, em parceria com a *Edipro*, continua a empreitada de publicar uma série de textos inéditos, editados em vernáculo, em edição simples, acessível, com breve introdução descritiva e notas à tradução, com o intuito de pouco ou quase nada interferir na obra, deixando o leitor com o mínimo necessário para ele mesmo ir diretamente ao texto de Tomás. A intenção é divulgar não só entre o público acadêmico, mas entre os diversos admiradores do tomismo, as principais ideias do autor contidas nas referidas *Questões Disputadas*. Neste espírito nasce o projeto *Questões Disputadas*. Este projeto é coordenado por Bernardo Veiga (Instituto Aquinate), doutorando em filosofia pela UFRJ (bolsista Capes). Este livro foi traduzido e editado pelo professor Dr. Paulo Faitanin (UFF) e por Bernardo Veiga.

Este projeto não seria possível sem a cooperação do professor Dr. Enrique Alarcón (Universidad de Navarra/Espanha), presidente da *Fundación Tomás de Aquino*, detentora dos direitos de cópia dos textos latinos e mantenedora do *Corpus Thomisticum* [<www.corpusthomisticum.org>]. O estimado professor Alarcón há muito colabora com a *Revista Aquinate* [<www.aquinate.net>], e a ele agradecemos por conceder-nos a permissão para pesquisar e utilizar como base para as traduções a edição latina dos textos contidos no *Corpus*. O texto vertido para o vernáculo também foi cotejado com outras versões, por sinal, todas muito úteis para considerar as soluções propostas para certas passagens de difícil compreensão e tradução. Para a configuração das notas de rodapé tivemos em conta, quando se fez necessário, o aparato bibliográfico das referidas edições latinas do texto e das versões que consultamos.

Apresentamos a tradução inédita em português da questão 22 das *Quaestiones disputatae De Veritate, O apetite do bem e a vontade*, composta por 15 artigos. Esta obra é autêntica[1] e data dos três anos do primeiro período de ensino magistral de Tomás em Paris, 1256-1259.[2] Nesta obra, Tomás investiga a natureza do apetite em geral e da vontade, de como se distingue a inclinação nos animais irracionais, nos homens e em Deus. Mostra também como a vontade se relaciona com o intelecto, de que modo ela se inclina ao fim, e como se dá o processo de eleição.

Fontes e repertórios bibliográficos

Outras traduções

Foram consultadas as seguintes versões: SANTO TOMÁS DE AQUINO, *Opúsculos y Questiones selectas*. Edición bilingüe. Coordinador de la obra Antonio Osuna Fernández-Largo. II. Madrid: BAC, 2003, p. 302-84; TOMÁS DE AQUINO, *De veritate, Cuestión 22. El apetito del bien*. Introducción, traducción y notas de Juan Fernando Sellés. Pamplona: Cuadernos de Anuario Filosófico 131, 2001; SAN TOMMASO D'AQUINO, *Le Questioni Disputate*. Testo latino di S. Tommaso e traduzione italiana. Volume Terzo. La Verità. (De Veritate). Questioni 21-29. Bologna: ESD, 1993; SAINT THOMAS D'AQUIN, *De Veritate. Les vingt-neuf questions disputées sur la vérité* (1256-1259). Philosophie et Théologie. Traduction par le frère André Aniorté, O.S.B, moine de l'Abbaye sainte Madeleine du Barroux, 2005-2008. Version Bilingue Latin/Français. Deuxième *édition* numérique août 2012 [<http://docteurangelique.free.fr>]; THOMAS AQUINAS, *Truth. Questiones Disputatae De Veritate*. Questions 21-29 Translated by Robert W.

1. MANDONNET, P. O.P. *Des écrits authentiques de S. Thomas d'Aquin*. Seconde édition revue et corrigée. Fribourg (Suisse). Imprimerie de l'oeuvre de Saint-Paul, 1910, p. 30; p. 106; GRABMANN, M. *Die Werke des hl. Thomas von Aquin*. Münster Westf.: Aschendorffsche Verlagsbuchhandlung, 1949, p. 307.

2. TORRELL, J.-P. O.P. *Iniciação a Santo Tomás de Aquino. Sua pessoa e obra*. Tradução Luiz Paulo Rouanet. São Paulo: Edições Loyola, 1999, p. 71-2; 389-90.

Schmidt, S.J. Chicago: Henry Ragnery Company, 1954. Edição em HTML por Joseph Kenny O.P. [<http://dhspriory.org/thomas/QDdeVer.htm>]. Com relação às referências bíblicas da vulgata latina encontradas no corpo do texto, valemo-nos da *Bíblia de Jerusalém* [Paulus: 2002] para indicá-las, trazendo à luz possíveis esclarecimentos, quando assim for exigido.

Notas

Buscou-se, também, sempre que possível, confrontar os textos dos Padres da Igreja citados por Tomás e encontrados nas Patrologias grega e latina. Para este fim, de um modo geral, tivemos em conta os textos da Patrologia Latina (PL) e da Patrologia Grega (PG) da edição de Migne, disponíveis no site <http://www.documentacatholicaomnia.eu/25_Migne.html>. Para buscar as referências mais detalhadas das obras de Santo Agostinho, consultamos a excelente ferramenta de busca encontrada no site <http://www.augustinus.it/latino/index.htm/>. Ainda assim, quando necessário, pesquisamos a seguinte edição de obras gregas e latinas de diversos autores [<http://www.perseus.tufts.edu/hopper/>]. Para as obras de Aristóteles e Averróis foram consultadas as seguintes edições: *Aristotelis Opera* [Ed. Immanuel Bekker. Berlin: Walter de Gruyter & Sócios, 1960; AVERROES CORDUBENSIS, *In Aristotelis Opera cum Averrois Cordubensis in eosdem commentariis*. Venetiis: Apud Junctas, 1562-1574 [reimp. Frankfurt, 1962]. Estas e outras obras, como as de Avicena, de Porfírio e de Boécio foram consultadas em suas edições mais clássicas no seguinte site [<http://capricorn.bc.edu/siepm/books.html>]. Com relação aos outros autores islâmicos e judeus, citaremos as edições mais usuais. Para as referências de outras obras de Tomás de Aquino, que incluímos em nossa tradução, para uma melhor fundamentação das ideias expostas no corpo do artigo, usamos as seguintes edições impressas das obras de Tomás de Aquino: TOMÁS

DE AQUINO, *Suma Teológica*. Coordenação geral da tradução de Carlos-Josaphat Pinto de Oliveira, O.P. v. I-IX. São Paulo: Edições Loyola, 2001-2006; TOMÁS DE AQUINO, *Suma Contra os Gentios*. Tradução de Dom Odilão Moura, OSB. v. I-II. Porto Alegre: Edipucrs/Est, 1990-1996; SANCTI THOMAE DE AQUINO, *Opera omnia iussu Leonis XIII P.M. edita, t. 22 3/1. Quaestiones Disputatae de veritate*. Roma: Ad Sanctae Sabinae/Editori di San Tommaso, 1972; SANCTI THOMAE AQUINATIS, *In decem libros Ethicorum Aristotelis ad Nicomachum expositio*. Editio tertia. Cura et studio P. Fr. Raymundi M. Spiazzi, O.P. Taurini: Marietti, 1964; SANCTI THOMAE AQUINATIS, *Opera Omnia*. Iussu impensaque Leonis XIII. Tomus 3: *Commentaria in Libros Aristotelis De Caelo et Mundo*. Romae: Ex Typographia Polyglotta, 1886; SANCTI THOMAE AQUINATIS, *Opera Omnia*. Iussu impensaque Leonis XIII. Tomus 48 A: *Sententia libri Politicorum*. Romae: Ad Sanctae Sabinae, 1971; SANCTI THOMAE AQUINATIS, *Opera Omnia*. Tomus 6: *Commentum in quatuor libros Sententiarum*. Parmae: Typis Petri Fiaccadori, 1856; SANCTI THOMAE AQUINATIS, *In octo libros Physicorum Aristotelis expositio*. Cura et studio P. M. Maggiòlo, O.P. Taurini: Marietti, 1965; SANCTI THOMAE AQUINATIS, *In Metaphysicam Aristotelis commentaria*. Cura et studio P. Fr. M.-R. Cathala. Taurini: Marietti, 1915; SANCTI THOMAE AQUINATIS, *In Aristotelis librum De anima commentarium*. Editio tertia. Cura et studio P. F. A. M. Pirotta. Taurini: Marietti, 1948; SANCTI THOMAE AQUINATIS, *In librum Beati Dionysii De divinis nominibus expositio*. Cura et studio C. Pera, P. Caramello, C. Mazzantini. Taurini-Romae: Marietti, 1950.

Rodolfo Petrônio,
Presidente do Instituto Aquinate.

Introdução

Nossa intenção é brevemente expor e analisar a contribuição de Tomás de Aquino [1225-1274] sobre a questão sobre *o apetite do bem e a vontade* tratada em sua obra *De veritate*,[1] questão 22, estruturada em 15 artigos, como introdução à edição monolíngue que é aqui publicada. Com este estudo pretendemos auxiliar o leitor, primeiro mostrando algumas noções básicas da visão de Tomás sobre a definição de apetite, natureza, tipos e relações, sobretudo com a vontade; segundo, explicando o método das *Questões Disputadas* e, por fim, expondo resumidamente cada artigo da questão.

1. Definição e tipos de apetite

O termo *apetite* significa inclinação: "o apetite nada mais é do que a inclinação daquele que deseja alguma coisa".[2] A *inclina-*

1. Sobre a data da sua composição e acerca do seu conteúdo doutrinal, assim se expressou Torrell: "As questões disputadas De veritate datam dos três anos do primeiro período de ensino magistral de Tomás em Paris, de 1256 a 1259... Podemos aí perceber dois grandes blocos: a verdade e o conhecimento (qq. 1-20), o bem e o apetite pelo bem (qq. 21-29)", p. 389-90. Cfr. TORRELL, J.-P. O.P. *Iniciação a Santo Tomás de Aquino. Sua pessoa e sua obra.* Tradução Luiz Paulo Rouanet. São Paulo: Edições Loyola, 1999.

2. TOMÁS DE AQUINO, *Sum. Theo.* I-II, q. 8, a. 1, c.

ção indica um movimento para algo, que inclusive "há nas partes da alma".[3] Portanto, o apetite é uma inclinação que indica um movimento da alma em direção a algo. Para Tomás, esse algo para o qual o apetite se inclina é o *bem*, pois o apetite é somente do bem[4] e, seguindo a doutrina de Aristóteles,[5] diz que: "o bem é aquilo que todas as coisas apetecem".[6]

Ao atribuir a inclinação a todas as coisas, Tomás afirma que qualquer ser, por natureza, apetece o bem, pois o *bem* é a perfeição da natureza que apetece. Assim, todo ser, e não apenas o racional, tem uma inclinação natural para o bem da sua própria natureza. No homem, o apetite é nobre, pois a inclinação é um movimento natural da parte racional da alma, de algo que é bem e fim, e é denominado *vontade*. Tomás estabelece três tipos de apetites no homem: o *natural*, o *sensitivo* e o *racional*,[7] pois "a cada forma corresponde certa inclinação".[8]

O *apetite natural* é a inclinação da coisa para o seu fim natural, estabelecido pelo próprio autor dessa natureza,[9] que ocorre tanto na natureza mineral, como na vegetal e animal, incluindo a racional. A pedra, por exemplo, tem inerente à sua natureza corpórea um princípio, a gravidade, que a faz inclinar para o que lhe é natural, de modo que, se for lançada em movimento contrário a esse princípio, a saber, para cima, ela retornará ao movimento que lhe inclina tal princípio, ou seja, para baixo.

O *apetite sensitivo* é próprio da natureza animada que possui sentidos, cuja inclinação é regida pelo princípio natural de apetecer o sensível apreendido por cada órgão dos sentidos. O lobo, por exemplo, ao sentir o cheiro da ovelha, inclina sua visão para

3. TOMÁS DE AQUINO, *In II Sent.* d. 24, q. 3, a. 1, c.
4. TOMÁS DE AQUINO, *Sum. Theo.* I-II, q. 8, a. 1, c.
5. ARISTÓTELES, *Ethica Nicomachea*, I, c. 1, 1094a3. [*Ética a Nicômaco*, obra publicada em *Clássicos Edipro*. (N.E.)].
6. TOMÁS DE AQUINO, *Sum. Theo.* I-II, q. 8, a. 1, c.
7. TOMÁS DE AQUINO, *In II Sent.* d. 24, q. 3, a. 1, c.
8. TOMÁS DE AQUINO, *Sum. Theo.* I-II, q. 8, a. 1, c.
9. TOMÁS DE AQUINO, *In III Sent.* d. 27, q. 1, a. 2, c.

vê-la e aguça todas as demais potências sensitivas para alcançar o que apetece com o uso dos sentidos.

O homem, por causa da alma racional que é imaterial, apetece o sensível mediante a apreensão sensível pelos órgãos dos sentidos do corpo, pelo qual se inclina para o sensível. Essa inclinação é denominada *potência apetitiva sensitiva*[10] e se distingue em duas: irascível, pela qual se inclina para um bem difícil de alcançar e evita um mal difícil de evitar; concupiscível, pela qual se inclina para um bem prazeroso que lhe convenha.

O *apetite racional* é próprio só do homem, sua inclinação procede do conhecimento racional e produz um apetite superior[11] na alma, denominado *potência apetitiva racional*, conhecida como *vontade*, que se inclina para o bem da sua natureza. Por ser livre[12] ela escolhe ou não o que lhe propõe como bem a razão, os sentidos e os objetos nas múltiplas circunstâncias que a envolve.

Por isso, alguém, por exemplo, num casamento, que sente o odor de vinho, mas lhe oferecem suco, pela ocasião de celebrar as bodas do irmão, quer beber um cálice de vinho, mas adverte-lhe a consciência de que não deve, mas pode beber o suco, pois logo conduzirá seu automóvel. Este exemplo traz a sensação do odor, o desejo do vinho e a advertência da razão e mostra que na prática tudo ocorre simultaneamente e, por isso, às vezes, inadvertida, a vontade quer, pode, mas não deve e, em outras circunstâncias, não quer, pode e deve.

2. Breve explicação do método das Questões Disputadas

O que são as Questões Disputadas? Durante a Escolástica, sobremaneira nas universidades do século XIII, os professores,

10. TOMÁS DE AQUINO, *Sum. Theo.* I, q. 81, a. 2, c.

11. TOMÁS DE AQUINO, *Sum. Theo.* I, q. 82, a. 3, c.

12. TOMÁS DE AQUINO, *Sum. Theo.* I, q. 83, a. 4, c.

para o desempenho de suas atividades acadêmicas compunham, mediante exaustivas pesquisas, suas obras para serem lidas e analisadas em suas aulas, no exercício da docência. Para compô-las os professores utilizavam diferentes métodos: comentar, expor, reunir sentenças, fazer sumas etc., cada qual com uma finalidade própria, mas todas para atender as duas formas mais usuais de ensino: a *lectio*, que consistia na leitura e comentário de um texto, e a *disputatio*, que consistia na disputa de uma *quaestio*.[13]

Uma *quaestio* pode estar relacionada a muitas outras questões, derivadas dela. Este é o caso da questão sobre a Verdade, que leva consigo muitas outras questões relativas ao tema. Por essa razão, o tema sobre a verdade – *De veritate* – reúne sobre si muitas questões – *Quaestiones* – que ao longo da exposição do tema serão examinadas ou disputadas – *Disputatae* – com muitos argumentos que se possam aduzir *pro* (pró) e *contra*, seguida de uma proposta de solução. Essa é a explicação para o nome desta obra: *Quaestiones Disputatae De veritate*, em cuja questão 22, estruturada em 15 artigos, em que cada artigo reúne argumentos *pro* e *contra*, disputa a questão sobre o apetite do em e a razão.

Cada título de artigo da questão em jogo era proposto em forma de pergunta, por exemplo: *se todas as coisas apetecem o bem?* Seguia-se à pergunta uma proposta de resposta contrária ao que se queria demonstrar, ou seja, uma resposta do tipo: *Parece que não*. Propunham isso para dar lugar primeiro aos argumentos contrários à pergunta, e tais argumentos contrários eram denominados de objeções. Antes de proporem uma solução à pergunta feita, eram sugeridos alguns poucos argumentos contrários às objeções e a favor de uma resposta afirmativa à pergunta que intitula o artigo. Logo depois, propunha-se uma resposta, às vezes breve, outras vezes longa, que afirmava a pergunta. E, por fim, respondia-se a cada uma das objeções.

---

13. ABBAGNANO, N. *História da Filosofia*. v. 3. Lisboa: Editorial Presença, 1999. p. 9.

Os argumentos *pro* e *contra* que constituíam um artigo eram estruturados silogisticamente, a partir de um raciocínio aparentemente verdadeiro que era retirado da obra de alguma autoridade, fosse filosófica, teológica ou mesmo a Bíblia. Em geral, eram silogismos compostos por três premissas: a maior, a menor e a conclusão. Em cada argumento, no geral, era citada a fonte, exceto se fosse de conhecimento comum. Mas, ainda assim, era comum citar a fonte mesmo se ela fosse bem conhecida.

3. Exposição resumida dos artigos da questão sobre o apetite do bem e a vontade

Todas as coisas apetecem o bem? Neste primeiro artigo, os argumentos *contra* defendem que somente os seres sensitivos e racionais apetecem o bem, pois as coisas inanimadas não possuem vontade para apetecer o bem.

Na resposta aos argumentos, Tomás esclarece que se pode dizer "apetecer" num sentido amplo de *inclinação*. E nesse aspecto, todas as coisas apetecem, pois a inclinação entra no conceito de apetecer. Assim, todas as coisas apetecem, porque se inclinam para algo. Ora, esse algo para o qual se inclinam é o *bem* da sua natureza. Esse bem é estabelecido pelo princípio que rege essa natureza. Portanto, todas as coisas apetecem o bem pelo princípio que rege a natureza de cada coisa e o inclina para o que é melhor para a natureza.[14]

Todas as coisas apetecem o próprio Deus? Neste segundo artigo, os argumentos *contra* defendem que algumas coisas não apetecem a Deus, porque não o conhecem. Tomás responde que as coisas apetecem implicitamente a Deus, porque o próprio Deus é o autor do princípio que inclina cada coisa para o bem, que é certa semelhança de Deus.[15]

14. TOMÁS DE AQUINO, *De veritate*, q. 22, a. 1, resp.
15. TOMÁS DE AQUINO, *De veritate*, q. 22, a. 2, ad. 2.

O apetite é alguma potência especial da alma? Neste terceiro artigo, os argumentos *contra* sustentam que não faz falta um apetite especial, porque já há um apetite natural e comum a todas as coisas. Tomás responde que, por ser a alma racional de natureza espiritual, seu movimento também é especial, justamente porque é próprio da alma racional.[16]

A vontade, nos seres racionais, é outra potência além da apetitiva da parte sensitiva? Neste quarto artigo, os argumentos *contra* sustentam que a vontade não é distinta da potência apetitiva sensitiva, porque uma diferença acidental de objetos não distingue as potências. Tomás sustenta que a vontade, potência apetitiva racional, distingue-se da potência apetitiva sensitiva não por causa da distinção dos objetos que apetecem, mas por causa da distinção das naturezas, pois a vontade é espiritual, livre e autônoma, mas não a potência apetitiva sensitiva.[17]

A vontade quer algo por necessidade? Neste quinto artigo, os argumentos *contra* sustentam que a vontade quer algo por necessidade, porque, se o bem que ela apetece é Deus, autor da vontade, que é o próprio fim último dela, a vontade apetece a Deus por necessidade, uma vez que essa necessidade não se opõe à liberdade da vontade. Tomás afirma que a necessidade de coação não pode ocorrer na vontade, mas pode ocorrer na vontade uma necessidade de inclinação natural, razão pela qual a vontade pode querer algo por necessidade, sem que se oponha à liberdade, como a beatitude.[18]

A vontade quer por necessidade tudo o que quer? Neste sexto artigo, os argumentos *contra* apontam que sim, pois sustentam que a vontade, por pertencer à parte espiritual do homem, assemelha-se à imutabilidade divina, razão pela qual o que a vontade quer o quer necessariamente, por causa da sua imutabilidade. Tomás diz que a vontade, se quisesse por necessidade imutável

16. TOMÁS DE AQUINO, *De veritate*, q. 22, a. 3, resp.

17. TOMÁS DE AQUINO, *De veritate*, q. 22, a. 4, resp.

18. TOMÁS DE AQUINO, *De veritate*, q. 22, a. 5, resp.

tudo o que quisesse, não poderia mudar do bem para o mal nem o contrário, o que contradiz a liberdade. Logo, por ser livre, ela pode mudar e indeterminar-se quanto à escolha, quanto ao objeto e quanto ao fim que apetece, se é o último ou apenas meio para o último.[19] E, assim, a vontade não quer por necessidade tudo o que quer.

Alguém merece o que quer por necessidade da vontade? Neste sétimo artigo, os argumentos *contra* defendem que não, pois não há mérito sem virtude, que procede de uma escolha. Tomás responde que ninguém quer por necessidade não ser e não viver, mas pode merecer a beatitude e a vida eterna, ao querer por necessidade essas coisas com o auxílio divino, não pelo ato de inclinação natural, mas por escolher especificamente a vida eterna e a beatitude, ao que quer por necessidade. Logo, alguém pode merecer o que quer por necessidade.[20]

Deus pode coagir a vontade? Neste oitavo artigo, os argumentos *contra* defendem que sim, pois a vontade não pode não querer o que Deus quer, do contrário a vontade divina seria ineficaz e a humana absolutamente autônoma. Tomás diz que Deus pode mudar a vontade, sem coagir, pois muda sem contradizer a liberdade, ao propor um bem melhor que outro para a eleição da vontade.[21] E Deus não a coage porque contradiria não só a liberdade da vontade humana, mas sobretudo a divina, que segue sua onisciência e bondade.

Alguma criatura pode mudar a vontade, ou imprimir algo nela? Neste nono artigo, os argumentos *contra* defendem que sim, pois uma paixão descontrolada por um objeto pode mudar a vontade e imprimir nela certo impulso. Tomás diz que nenhuma criatura pode diretamente mudar a vontade, agindo dentro da própria vontade. Contudo, pode extrinsecamente, propondo

19. TOMÁS DE AQUINO, *De veritate*, q. 22, a. 6, resp.

20. TOMÁS DE AQUINO, *De veritate*, q. 22, a. 7, resp.

21. TOMÁS DE AQUINO, *De veritate*, q. 22, a. 8, resp.

algo à vontade e, de algum modo, induzir, mas não necessariamente mudar.[22]

A vontade e o intelecto são a mesma potência? Neste décimo artigo, os argumentos *contra* defendem que sim, pois o objeto da vontade, o bem, e o objeto do intelecto, a verdade, são convertíveis entre si. Logo, vontade e intelecto são uma potência. Tomás diz que são potências distintas, não apenas em função dos objetos, pois uma tem por objeto o bem e a outra, a verdade; e justamente a partir disso se pauta que são duas potências distintas, pois uma potência pode apreender a verdade de um objeto na alma, ao modo do ser espiritual da alma, o que não pode fazer a vontade, pois ela não apreende, mas apetece um objeto que é um bem para ela e que está fora da alma. E não mudaria a apetência se o bem apetecido fosse algo da própria alma, o que sinaliza que já fora antes apreendido pelo intelecto, antes que a vontade o apetecesse, o que marca mais uma vez a distinção entre as respectivas potências.[23]

A vontade é uma potência mais elevada do que o intelecto, ou o inverso? Neste décimo primeiro artigo, os argumentos *contra* defendem que o intelecto é mais elevado do que a vontade, pois o homem é imagem de Deus pelo intelecto, motivo pelo qual entender é mais nobre do que querer. Tomás responde que, de modo absoluto, o intelecto é mais nobre do que a vontade, pois o intelecto pode possuir pelo entendimento a dignidade do ser de algo, pois é melhor entender uma pedra do que querer uma pedra. Mas, em relação às coisas divinas, a vontade é mais elevada do que o intelecto, pois é mais digno e nobre querer e amar do que entender a Deus.[24]

A vontade move o intelecto e a outras potências da alma? Neste décimo segundo artigo, os argumentos *contra* defendem que não, pois o que move deve ser anterior ao movido, mas a

22. TOMÁS DE AQUINO, *De veritate*, q. 22, a. 9, resp.

23. TOMÁS DE AQUINO, *De veritate*, q. 22, a. 10, resp.

24. TOMÁS DE AQUINO, *De veritate*, q. 22, a. 11, resp.

vontade é posterior ao intelecto. Tomás diz que a vontade move como causa agente o intelecto e outras potências da alma, pois o próprio da vontade é mover, uma vez que apetecer é inclinação, e a inclinação é movimento. Desse modo, a vontade pode mover tanto as potências inferiores, quanto as superiores,[25] como quando a vontade move o intelecto para o contrário do que foi concebido erroneamente nele, por exemplo, quando o que se quer é um bem verdadeiro, mas o que se entende é um bem falso.

A intenção é ato da vontade? Neste décimo terceiro artigo, os argumentos *contra* defendem que não, pois é a razão que indica o fim para o qual a vontade tende. Logo, a intenção é da razão, e sua execução, da vontade. Tomás diz que a intenção é um ato da vontade, pois o bem e o fim são objetos da vontade, para os quais tende mediante seu ato, que não independe totalmente da razão, porque se relaciona com a razão. Assim, pois, embora seja um ato da vontade, a intenção se relaciona com a razão, porque razão e vontade se coordenam em seus atos.[26]

A vontade quer o fim com o mesmo movimento com que tende para as coisas que são meio para o fim? Neste décimo quarto artigo, os argumentos *contra* defendem que não, pois é impossível que um ato seja ao mesmo tempo bom e mau, uma vez que o fim último é bom, mas não necessariamente as coisas que são meio para o fim. Tomás diz que a inclinação da vontade para o fim não dispensa as coisas que são para o fim da vontade,[27] de modo que não é contraditório que a intenção do fim passe pelos meios, pois a vontade sendo livre pode escolher os melhores meios com a ajuda da verdade da razão e com o auxílio da graça divina.

A eleição é ato da vontade? Neste décimo quinto artigo, os argumentos *contra* defendem que não, pois não se opta pelo que já não se opinou. Ora, opinar é da razão que antecede à opção. Logo, a eleição, que é uma opção, é própria da razão. Tomás diz

25. TOMÁS DE AQUINO, *De veritate*, q. 22, a. 12, resp.

26. TOMÁS DE AQUINO, *De veritate*, q. 22, a. 13, resp.

27. TOMÁS DE AQUINO', *De veritate*, q. 22, a. 14, resp.

que a eleição tem, sem dúvida, algo da vontade, mas não exclui a razão, porque, de certo modo, é apetite intelectivo, isto é, apetite em relação ao intelecto; ou intelecto apetitivo, isto é, intelecto em relação ao apetite.[28]

4. Conclusão

Tomás propõe o apetite natural como sendo comum a todas as coisas, pois todas as coisas, cada qual segundo a sua forma, inclinam-se para o bem da sua natureza. O apetite sensitivo próprio dos que possuem sentidos reforça que esse bem é o que conserva e aperfeiçoa a natureza. Contudo, no caso dos seres dotados de razão e vontade, nem sempre o que se quer é o que se deve ou pode, pois a razão discerne para a vontade bem eleger entre as coisas que ela apetece, do contrário, poderia querer o que não conserva nem aperfeiçoa. E aqui está a chave da relação entre o apetite do bem e a vontade.

De fato, toda essa questão tem seu ápice na análise do apetite racional, que é a vontade. O Aquinate propôs diversos argumentos que estabelecem uma estreita relação entre os apetites entre si salvaguardando, especialmente, o papel do apetite racional, em relação à liberdade da vontade e sua relação com a inclinação para o que é necessário, absoluto, contingente e relativo.

Assim, ele defende que o apetite é um bem e é do bem, e deve ser orientado segundo os princípios veritativos da razão, sem deixar de lado o auxílio divino, pois para Tomás é mais nobre querer a Deus do que entender a Deus. E nisso reside a importância filosófica e teológica da doutrina do apetite do bem e a vontade.

Paulo Faitanin e
Bernardo Veiga

28. TOMÁS DE AQUINO, *De veritate*, q. 22, a. 15, resp.

Questão 22*

O apetite do bem e a vontade

*. Tradução baseada no texto Taurino, *Quaestiones disputatae De Veritate, q. 22*, editado em 1953 e transferido automaticamente por Roberto Busa SJ para fitas magnéticas e de novo revisto e ordenado por Enrique Alarcón. Disponível em: <www.corpusthomisticum.org>.

Proêmio

Primeiro, se todas as coisas apetecem o bem.

Segundo, se todas as coisas apetecem o próprio Deus.

Terceiro, se o apetite é alguma potência especial da alma.

Quarto, se a vontade nos seres racionais é outra potência além da apetitiva da parte sensitiva.

Quinto, se a vontade quer algo por necessidade.

Sexto, se a vontade quer por necessidade tudo o que quer.

Sétimo, pergunta-se se alguém merece o que quer por necessidade da vontade.

Oitavo, se Deus pode coagir a vontade.

Nono, se alguma criatura pode mudar a vontade, ou imprimir algo nela mesma.

Décimo, se a vontade e o intelecto são a mesma potência.

Décimo primeiro, se a vontade é uma potência mais elevada do que o intelecto, ou o inverso.

Décimo segundo, se a vontade move o intelecto e as outras potências da alma.

Décimo terceiro, se a intenção é ato da vontade.

Décimo quarto, se a vontade quer o fim com o mesmo movimento com que tende para as coisas que são meios para o fim.

Décimo quinto, se a eleição é ato da vontade.

Artigo 1

E primeiro se pergunta se todas as coisas apetecem o bem[1]

E parece que não.

1. Outros lugares: *In I Sent.* d. 34, q. 2, a. 1, ad 4; IV, d. 49, q. 1, a. 2, qc. 1; *supra* q. 21, a. 2; *CG.* III, c. 3; *De Div. nom.*, c. 4, lect. 3 e 9; *Sum. Theo.*, I, q. 5, a. 1 e a. 2, ad 1; *In I Ethic.*, lect. 1.

Argumentos[2]

1. Com efeito, o ente se refere do mesmo modo ao verdadeiro e ao bem, pois se converte com ambos. Do mesmo modo como o conhecimento se refere ao verdadeiro, assim também o apetite se refere ao bem. Ora, nem todo ente conhece o verdadeiro. Logo, nem todo ente apetece o bem.

2. Além do mais, removido o anterior é removido o posterior. Ora, no animal o conhecimento precede o apetite. Contudo, o conhecimento, de nenhum modo, estende-se às coisas não animadas, como se disséssemos que conhece as coisas naturalmente. Logo, nem o apetite se estende às mesmas coisas, como se disséssemos que elas apetecem naturalmente o bem.

---

2. Na edição Taurini, reproduzida por Enrique Alarcón, não há esta divisão que ora propomos: *Argumenta*. O intuito é orientar o leitor quanto à dinâmica da argumentação da exposição do Aquinate. De igual modo, não há notas de rodapé na referida edição latina.

3. Além do mais, segundo Boécio no livro *Sobre os sete dias*,[3] diz-se que cada coisa apetece algo enquanto é semelhante a ela. Portanto, se alguma coisa apetecesse o bem, seria necessário que fosse um bem semelhante. Contudo, as coisas semelhantes às que têm uma qualidade ou forma, é necessário que a forma do bem esteja no que apetece o bem. Ora, não pode ser que esteja ali segundo o ser da natureza, porque já não apeteceria um bem ulterior, pois o que tem algo já não o apetece. Logo, é necessário que, no que apetece o bem, preexista a forma do bem, por modo de intenção. Ora, em qualquer coisa que há algo desse modo, é cognoscente. Logo, o apetite do bem não pode existir senão nos que conhecem. E, assim, o mesmo que antes.

4. Além do mais, se todas as coisas apetecessem o bem, seria necessário entender o bem que todas as coisas possam alcançar, porque nada apetece natural ou racionalmente aquilo que não é possível alcançar. Ora, o bem que se estende a todos os entes não é senão o ser. Logo, é dizer o mesmo que todas as coisas apetecem o bem e que todas as coisas apetecem o ser. Ora, nem todas as coisas apetecem o ser. Por outro lado, como parece, nenhuma apetece o bem, porque todas as coisas têm ser, e nenhuma apetece, a não quer o que não tem, como fica claro por Agostinho no livro *Sobre a Trindade*,[4] e pelo Filósofo no livro I da *Física*.[5] Logo, nem todas as coisas apetecem o bem.

---

3. BOÉCIO, *De Hedomadibus*: "A questão apresenta-se, pois, da seguinte maneira: as coisas que são, são boas; a sentença comum dos sábios ensina, pois, que tudo o que é tende para o bem, e tudo tende para o semelhante" [BOÉCIO, *Escritos* (*Opuscula Sacra*). Tradução, estudos introdutórios e notas de Juvenal Savian Filho. São Paulo: Martins Fontes, 2005, p. 189].

4. AGOSTINHO, *De Trinitate*. IX, c. 12: PL 42, 971; *Enarrationes in Psalmos*, CXVIII: PL 37, 1522.

5. ARISTÓTELES, *Physica*, I, c. 15, 192a20.

5. Além do mais, o uno e o verdadeiro e o bem, igualmente, convertem-se com o ente. Ora, nem todos os entes apetecem o uno e o verdadeiro. Logo, nem o bem.

6. Além do mais, segundo o Filósofo,[6] alguns, tendo intenção reta, operam contra a razão. No entanto, não operariam se não apetecessem ou quisessem. Ora, o que é contra a razão é mau. Logo, alguns apetecem o mal. Portanto, nem todas as coisas apetecem o bem.

7. Além do mais, diz-se que o bem que apetece todas as coisas, como diz o Comentador no princípio da *Ética*,[7] é o ser. Ora, algumas coisas não apetecem o ser, mas antes o não ser, como os condenados no inferno, que inclusive desejam também a morte da alma, para não serem punidos. Logo, nem todas as coisas apetecem o bem.

8. Além do mais, assim como as potências apreensivas se comparam a seus objetos, assim, também, as apetitivas se comparam aos seus. Ora, a potência apreensiva deve estar privada da espécie do seu objeto, para que o conheça, tal como a pupila deve estar privada da cor. Logo, o que apetece o bem também deve estar privado da espécie do bem. Ora, todas as coisas têm a espécie do bem. Logo, nada apetece o bem.

9. Além do mais, operar algo por causa do fim também convém ao Criador, à natureza e ao que age por um propósito. Ora, o Criador e a criatura que age por um propósito, como o

---

6. ARISTÓTELES, *Ethica Nicomachea*, VII, c. 3, 1146b31 ss, e c. 9, 1151a29.

7. Essa sentença Tomás a atribui em *In Sententiarum*, IV, d. 49, q. 1, a. 2, a BOÉCIO, *De consolatione*, III, pr. 11: PL 63, 774 B.

homem, que opera por causa do fim e que deseja ou ama o bem, têm o conhecimento do fim ou do bem. Logo, também a natureza, que está como meio entre dois, enquanto se pressupõe a obra da criação, e se pressupõe na obra de arte, se se deve apetecer o fim por causa do que opera, é necessário conhecê-lo. Ora, não o conhece. Logo, as coisas naturais também não apetecem o bem.

10. Além disso, tudo aquilo que é apetecido é buscado. Ora, segundo Platão,[8] nada pode buscar o que não se tem conhecimento como, por exemplo, se alguém buscasse o servo fugitivo, sem que tivesse notícia de sua fuga, ao encontrá-lo, não saberia que tinha encontrado o servo fugitivo, pois não sabia que fugira. Logo, aquelas coisas que não têm conhecimento do bem, não o apetecem.

11. Além do mais, apetecer o fim é próprio disso que se ordena ao fim. Ora, o fim último, que é Deus, não se ordena ao fim. Logo, não apetece o fim ou o bem. E, assim, nem todas as coisas apetecem o bem.

12. Além do mais, a natureza está determinada ao uno. Logo, se as coisas naturalmente apetecessem o bem, não deveriam apetecer algum outro bem, de modo natural. Ora, todas as coisas naturalmente apetecem a paz, como é claro por Agostinho no livro XIX da *Cidade de Deus*,[9] e por Dionísio, no capítulo XII do livro *Sobre os nomes divinos*.[10] E, inclusive, todas as coisas desejam a beleza, como também fica claro em Dionísio, no capítulo IV do livro *Sobre os nomes divinos*.[11] Logo, nem todas as coisas naturalmente apetecem o bem.

8. Tomás tomou esta doutrina atribuída a Platão de Averróis: AVERRÓIS, *Anal. Post.* I, comm. 5, [Ed. Venetiis, v. 1, 1562, f. 24r].

9. AGOSTINHO, *De civitate Dei*, XIX, c. 12: PL 41, 637.

10. PSEUDO-DIONÍSIO, *De Divinis Nominibus*, c. XI, parr. 1: PG 3, 948 D.

11. PSEUDO-DIONÍSIO, *De Divinis Nominibus*, c. IV, parr. 19: PG 3, 716 C.

13. Além do mais, assim como alguém apetece o fim, quando não o tem, assim se deleita nele quando já o tem. Ora, não dizemos que as realidades inanimadas se deleitam no bem. Logo, nem se deve dizer que apetecem o bem.

Ao contrário

1. É o que diz Dionísio no capítulo IV do livro *Sobre os nomes divinos*:[12] *os seres existentes desejam o bem e a beleza; e todas as coisas que fazem, fazem-nas por causa disso que lhes parecem bem; e a intenção de todos os existentes tem como princípio o fim e o bem.*

2. Além do mais, o Filósofo diz, no livro I da *Ética*,[13] que *alguns melhor definiram o bem, dizendo que o bem é o que todas as coisas apetecem.*

3. Além do mais, tudo que age, age por causa do fim, como fica claro com o Filósofo no livro II da *Metafísica*.[14] Ora, o que age por causa de algo, apetece isso. Logo, todas as coisas apetecem o fim e o bem, que tem razão de fim.

4. Além do mais, todas as coisas apetecem sua perfeição. Ora, cada uma é boa, por isso que é perfeita. Logo, todas as coisas apetecem o bem.

Respondo

Respondo, dizendo que todas as coisas apetecem o bem, não apenas as que têm conhecimento, mas também as que estão

---

12. PSEUDO-DIONÍSIO, *De Divinis Nominibus*, c. IV, parr. 19: PG 3, 716 C.

13. ARISTÓTELES, *Ethica Nicomachea*, I, c. 1, 1094a2-3.

14. ARISTÓTELES, *Metaphysica*, II, c. 4, 994b13. [*Metafísica*, obra publicada em *Clássicos Edipro*. (N.E.)]

privadas de conhecimento. Para a evidência disso, deve-se saber que alguns filósofos antigos[15] defenderam que os efeitos que advêm na natureza provêm por necessidade de causas precedentes, mas não porque as causas naturais estivessem dispostas, desse modo, para a conveniência de tais efeitos, o que o Filósofo reprova no livro II da *Física*.[16] De fato, se isso fosse assim, essas conveniências e utilidades, se não fossem de algum modo alcançadas, proviriam do acaso e, assim, não aconteceriam na maioria das vezes, mas na minoria das vezes, como também as outras coisas que dizemos que ocorrem por acaso. Por isso, é necessário dizer que todas as coisas naturais estão ordenadas e dispostas a seus efeitos convenientes.

Contudo, de dois modos acontece que algo se ordena ou se dirige para algo como ao fim: de um modo, por si mesmo, como o homem que dirige a si mesmo para o local ao qual tende; de outro modo, por outro, como a flecha que se dirige ao lugar determinado pelo arqueiro. De fato, não podem dirigir-se ao fim, por si mesmas, a não ser aquelas coisas que conhecem o fim. Com efeito, é necessário que o que dirige tenha notícia disso para o qual dirige. Ora, podem dirigir-se, por outro, ao fim determinado, inclusive os que não conhecem o bem, como fica claro com a flecha. Ora, isso ocorre de dois modos. Um modo, porque, às vezes, isso que se dirige para o fim só é impelido e movido pelo dirigente, sem que se consiga alguma forma pelo que dirige, pela qual lhe compete tal direção ou inclinação. E tal inclinação é violenta, como a flecha é levada pelo arqueiro a um sinal determinado. Contudo, outras vezes, porque isso que se dirige ou se inclina para o fim consegue pelo que o dirige ou o move, alguma forma pela qual compete a tal inclinação. Por isso, também, tal inclinação será natural, como tendo um princípio natural, como aquele que deu à pedra a gravidade, ele mesmo a inclinou para que naturalmente se dirigisse para abaixo. E, desse

15. ARISTÓTELES, *Physica*, II, c. 12, 198b10 ss.

16. ARISTÓTELES, *Physica*, II, c. 12, 198b34 ss.

modo, o que gera é o motor nos corpos graves e leves, segundo o Filósofo no livro VIII da *Física*.[17] E, por isso, todas as coisas naturais são inclinadas para isso que lhes é conveniente, tendo em si mesmas algum princípio de inclinação, por cuja razão sua inclinação é natural, assim que, em certo modo, elas mesmas vão e não só são conduzidas para os fins devidos. Com efeito, as coisas violentas são apenas conduzidas, porque nada conferem ao que move. Mas as naturais também se dirigem para os fins, enquanto cooperam com ele ao se inclinar e se dirigir por um princípio introduzido nelas.

Contudo, o que é dirigido ou inclinado para algo por alguém está inclinado para o que pretende quem o inclina ou dirige, como a flecha se dirige para o mesmo alvo que pretende o arqueiro. Por isso, como todas as coisas naturais estão inclinadas para os seus fins com certa inclinação natural pelo primeiro motor, que é Deus, é necessário que o fim para o que cada coisa se inclina naturalmente seja o bem que é querido ou pretendido por Deus. No entanto, Deus, por não ter outro fim de sua vontade a não ser Ele mesmo, e Ele mesmo ser a própria essência da bondade, é necessário que todas as coisas naturalmente sejam inclinadas para o bem. Contudo, apetecer não é outra coisa do que pedir algo, como tender a algo ordenado para si mesmo. Por isso, como todas as coisas são ordenadas e dirigidas por Deus no bem, e de modo que cada um está no princípio pelo qual ela mesma tende para o bem, como pedindo o mesmo bem, é necessário dizer que todas as coisas naturalmente desejam o bem. Com efeito, se todas as coisas estivessem inclinadas ao bem, sem que tivessem em si algum princípio de inclinação, poder-se-ia dizer que são conduzidas para o bem, mas que não apetecem o bem. Ora, por causa do princípio introduzido nelas, diz-se que todas as coisas apetecem o bem como tendência espontânea para o bem. Por isso, também se diz em Sb 7,1, que a sabedoria divina dispõe todas as coisas suavemente, porque cada realidade

17. ARISTÓTELES, *Physica*, VIII, c. 8, 256a1.

tende, por seu movimento, para isso no qual está ordenada divinamente.

Respostas aos argumentos[18]

1. Respondo, portanto, dizendo que a verdade e o bem é relacional com o ente, de um modo, semelhante e, de outro modo, dessemelhante. De modo semelhante, quanto à conversão da predicação, pois do mesmo modo que algo é ente, também é bem e verdade. De modo dessemelhante, porém, quanto à causa perficiente,[19] pois a verdade não é causa perficiente em relação a todos os entes, como é o bem, pois apreciamos a perfeição da verdade só pela natureza da espécie. Por isso, as coisas imateriais só podem ser aperfeiçoadas pela verdade, porque só elas podem receber as naturezas das espécies, sem o ser material. Ora, como o bem é perfectivo tanto pela natureza da espécie quanto pela do ser, pode aperfeiçoar tanto as coisas materiais, quanto as imateriais. Logo, todas as coisas podem apetecer o bem, mas nem todas as coisas podem conhecer a verdade.

2. Respondo, dizendo que alguns dizem que assim como um apetite natural inere em tudo, assim também inere um conhecimento natural. Ora, isso não pode ser verdadeiro, porque o conhecimento é por assimilação e a similitude no ser da natureza não faz o conhecimento, mas antes o impede, razão pela qual é necessário que os órgãos dos sentidos estejam privados das espécies sensíveis para que possam recebê-las segundo o ser espiritual, que causa o conhecimento. Por isso, aquelas coisas

---

18. Na edição Taurini reproduzida por Enrique Alarcón não há esta divisão que ora propomos: *Responsiones ad argumenta*. Do mesmo modo, quando necessário, inserimos *Responsiones ad sed contra*, quando houver mais de um *sed contra*. O intuito é, conforme dito, orientar o leitor quanto à dinâmica da argumentação da exposição do Aquinate.

19. Causa que aperfeiçoa.

que, de nenhum modo, podem receber algo, a não ser segundo o ser material, de nenhum modo podem conhecer. Ora, podem apetecer, enquanto se ordenam a alguma coisa no ser da natureza existente. Com efeito, o apetite não se refere ao ser espiritual por necessidade, como o conhecimento. Por isso, pode haver apetite natural, mas não conhecimento. Contudo, nem isso impede que o apetite nos animais siga o conhecimento, porque também nas coisas naturais se seguem a apreensão ou o conhecimento, não, porém, a dos mesmos que apetecem, mas a daqueles que a ordenam para o fim.

3. Respondo, dizendo que tudo que apetece algo apetece aquilo com que tem alguma semelhança. E não é suficiente aquela similitude que é segundo o ser espiritual, pois, de outro modo, seria necessário que o animal apetecesse qualquer coisa que conhece. Mas é necessário que seja uma similitude segundo o ser da natureza. Ora, essa similitude se toma de dois modos. De um modo, na medida em que a forma de um está em outro, segundo o ato perfeito. E, então, nisso que algo se assemelha ao fim, não tende ao fim, mas repousa no fim. De outro modo, na medida em que a forma de um está em outro incompletamente, isto é, em potência. E, assim, na medida em que algo tem em si a forma do fim e do bem em potência, tende ao bem ou ao fim, e apetece o mesmo. E, desse modo, a matéria apetece a forma, enquanto na matéria está a forma em potência. E, por isso, também quanto esta potência é mais perfeita e próxima ao ato, tanto mais causa uma inclinação veemente. Por isso, sucede que o movimento natural tende para o fim, quando isso que tende para o fim já é semelhante ao fim.

4. Respondo, dizendo que, quando se diz que todas as coisas apetecem o bem, não é necessário que o bem seja determinado a isso ou aquilo, mas que seja tomado de modo comum, porque cada coisa apetece naturalmente o bem conveniente a ela.

Contudo, se se determina a algum bem único, esse único será o ser. Isso não é impedido pelo fato de que todas as coisas tenham ser, porque as que têm ser apetecem sua continuidade. E o que tem ser em ato de um modo, tem ser em potência de outro modo, como o ar é ar em ato, e fogo em potência. E, assim, o que tem ser em ato, apetece o ser em ato.

5. Respondo, dizendo que o uno e o verdadeiro não têm razão de fim, como tem o bem. E, por isso, também não tem razão apetecível.

6. Respondo, dizendo, que também aqueles que operam contra a razão, apetecem o bem por si como, por exemplo, os que cometem fornicação buscam o que é bom e deleitável para o sentido, mas o que é mal para a razão, fica fora da sua intenção. Por isso, o bem é desejado por si, mas o mal por acidente.

7. Respondo, dizendo que assim como algo se refere a isso que seja bem, assim se refere a isso que seja apetecível. Contudo, foi dito acima, no artigo 5,[20] que segundo o ser substancial, algo não se diz bom simplesmente e absolutamente, a não ser que se lhe acrescentem certas perfeições devidas. E, por isso, o mesmo ser substancial não é absolutamente apetecível, a não ser unido com as perfeições devidas. Por isso diz o Filósofo no livro IX da *Ética*:[21] *o ser é deleitável a todas as coisas*. Pois, não é necessário aceitar uma vida má e corrupta, nem cheia de tristezas, pois essa é má absolutamente e deve ser evitada, ainda que seja apetecível relativamente. Ora, quanto ao apetecer ou ao evitar, dá no mesmo para a razão que algo seja bom e corruptivo do mau, ou que seja mal e corruptivo do bem, pois denominamos bem, simplesmente o que carece do mal, segundo o Filósofo no livro V

20. Cfr. *De Veritate*, q. 21, a. 5.

21. ARISTÓTELES, *Ethica Nicomachea*, X, c. 9, 1170a22.

da *Ética*.[22] Portanto, o não ser toma a razão de bem, enquanto remove o ser das tristezas ou da malícia, que é o mal absolutamente, ainda que seja o bem relativamente. E, por isso, pode-se desejar o não ser, sob a razão de bem.

8. Respondo, dizendo que, nas potências apreensivas, nem sempre é verdadeiro isso que a potência esteja totalmente privada da espécie do seu sujeito. Com efeito, isso falha naquelas potências que têm objeto universal, como o intelecto, cujo objeto é a quididade, por ter quididade. No entanto, é necessário que seja privado daquelas formas que recebe. Falha, também, no tato, porque, ainda que tenha objetos especiais, são, todavia, da necessidade do animal. Por isso, seu órgão não pode ser totalmente sem o quente e o frio. Contudo, de algum modo, carece do quente e do frio, porque é constituído num meio-termo, e o meio não é nenhum dos extremos. Ora, o apetite tem um objeto comum, a saber, o bem. Logo, não está totalmente privado de bem, mas daquele bem que apetece. Tem, porém, o bem em potência e, mediante isso, se assemelha a ele, tal como a potência apreensiva também está em potência para a espécie do seu objeto.

9. Respondo, dizendo que, pelo dito, fica claro que, em tudo o que dirige para o fim, requer o conhecimento do fim. Ora, a natureza não dirige para o fim, mas é dirigida. Ora, Deus e qualquer agente que atua por um propósito se dirigem para o fim. Logo, é necessário que tenham conhecimento do fim, não, porém, as coisas naturais.

10. Respondo, dizendo que aquele argumento procede retamente, em relação ao que apetece o fim, conduzindo-se a si mesmo para o fim, pois nele se requer que saiba quando chegar ao fim, porém, não é necessário nisso que apenas se dirige para o fim.

---

22. ARISTÓTELES, *Ethica Nicomachea*, V, c. 1, 1129b8.

11. Respondo, dizendo que, por natureza, algo tende ao fim que ainda não tem e se deleita no fim quando já o tem, pela mesma natureza que a terra se move para baixo e ali repousa. Logo, não compete ao fim último tender para o fim, mas fruir a si mesmo como fim. E ainda que isso não possa se dizer propriamente do apetite, pertence ao gênero do apetite, do qual se deriva todo apetite. Com efeito, por isso que Deus frui de si mesmo, e dirige as outras coisas para si.

12. Respondo, dizendo que o apetite, ao completar-se no bem, na paz e na beleza, não é que se complete em coisas distintas, pois quem apetece o bem, apetece simultaneamente o belo e a paz. A beleza, de fato, enquanto está em si mesma modificada e especificada, inclui-se na noção de bem, pois o bem acrescenta a ordem de perfeição às outras coisas. Por isso, quem apetece o bem, apetece por isso mesmo a beleza. Mas a paz implica a remoção do que perturba e impede a adesão ao bem. Ora, isso mesmo pelo qual algo é desejado, deseja-se que também seja removido seus impedimentos. Logo, pelo mesmo apetite e, simultaneamente, apetecem-se o bem, a beleza e a paz.

13. Respondo, dizendo que o deleite inclui em sua natureza o conhecimento do bem que deleita. Por isso, só se deleitam com o fim obtido os que conhecem o fim. Ora, o apetite não implica o conhecimento em quem apetece, como fica claro pelo dito. Contudo, considerando o deleite em sentido amplo e próprio, Dionísio diz no capítulo IV do livro *Sobre os nomes divinos*,[23] que o belo e o bem são deleitáveis e desejados por todos.

23. PSEUDO-DIONÍSIO, *De Divinis Nominibus*, c. IV, parr. 10: PG 3, 703.

ARTIGO 2

SEGUNDO, PERGUNTA-SE SE TODAS AS COISAS APETECEM O PRÓPRIO DEUS[24]

E parece que não.

24. Outros lugares: *CG.* III, c. 17-18; *Sum. Theo.* I, q. 6, a. 1, ad 2; q. 44, a. 4; *Comp. theo.*, c. 100-101.

Argumentos

1. As coisas se ordenam a Deus, por ser cognoscível e apetecível. Ora, nem todas as coisas que se ordenam a Deus, por ser cognoscível, conhecem a Deus. De fato, nem todas as coisas cognoscentes conhecem a Deus. Logo, nem todas as coisas que se ordenam a Deus, como ao apetecível, apetecem-nO.

2. Além do mais, o bem que é desejado por todas as coisas, segundo o Filósofo no livro I da *Ética*,[25] é o ser, como ali mesmo diz o Comentador. Ora, Deus não é o ser de todas as coisas. Logo, Deus não é aquele bem que é desejado por todas as coisas.

3. Além do mais, ninguém apetece isso de que foge. Ora, alguns fogem de Deus, por odiarem Deus, como se lê no Sl 73,23: *a soberba daqueles que te odiaram cresce sempre.*[26] E em Jó 21,14

25. ARISTÓTELES, *Ethica Nicomachea*, I, c. 1, 1094a3.

26. Neste caso, não utilizamos a tradução da *Bíblia de Jerusalém*. Optamos por traduzir conforme o texto latino usado por Tomás, para melhor compreensão do seu argumento.

se diz: *eles que diziam a Deus: "afasta-te de nós"*. Logo, nem todas as coisas apetecem a Deus.

4. Além do mais, ninguém apetece o que já tem. Ora, alguns, como os santos, que fruem d'Ele, têm o próprio Deus. Logo, nem todas as coisas apetecem a Deus.

5. Além do mais, o apetite natural é disso que se pode ter. Ora, só a criatura racional pode ter Deus, pois só ela é a imagem de Deus, e, por ser ela mesma a imagem de Deus, é capaz d'Ele, como diz Agostinho no livro *Sobre a Trindade*.[27] Logo, nem todas as coisas naturalmente apetecem a Deus.

Ao contrário

1. É o que diz Agostinho no livro *Solilóquios*:[28] *Deus ama qualquer coisa que pode amar*. Ora, todas as coisas podem amar, porque todas as coisas apetecem o bem. Logo, todas as coisas apetecem a Deus.

2. Além do mais, cada coisa naturalmente apetece seu fim, pelo qual existe. Ora, todas as coisas são ordenadas a Deus como ao fim, como se diz em Pr 16,4: *Deus fez todas as coisas por si mesmo*.[29] Logo, todas as coisas apetecem naturalmente a Deus.

Respondo

Respondo, dizendo que todas as coisas naturalmente apetecem a Deus implicitamente, não, porém, explicitamente. Para a

27. AGOSTINHO, *De Trinitate*, XIV, c. 8: PL 42, 1044.

28. AGOSTINHO, *Sololoquia*, I, c. 1: PL 32, 869.

29. Neste caso, não utilizamos a tradução da *Bíblia de Jerusalém*. Optamos por traduzir conforme o texto latino usado por Tomás, para melhor compreensão do seu argumento.

evidência disso, deve-se saber que a causa secundária não pode influir no seu efeito, a não ser enquanto recebe o poder da causa primeira. Contudo, como o influir da causa eficiente é agir, assim o influir da causa final é ser apetecido e desejado. Por isso, como o agente secundário não age a não ser por virtude do primeiro agente nele existente, assim o fim secundário não é apetecido, a não ser por virtude do fim principal nele existente, a saber, enquanto é ordenado naquele, ou tem sua similitude.

Por isso, tal como Deus age em todo agente por ser a primeira causa eficiente, por ser o fim último é apetecido em todo fim. Ora, isso é apetecer o próprio Deus implicitamente. Com efeito, assim, o poder da primeira causa está na segunda, como também os princípios estão nas conclusões. Mas resolver as conclusões nos princípios, ou as causas segundas nas primeiras, é próprio apenas da potência racional.

Assim, só a natureza racional pode ordenar os fins secundários para o próprio Deus, pela via de resolução, para apetecer o próprio Deus explicitamente. Nas ciências demonstrativas só se conhece retamente a conclusão, mediante a resolução nos primeiros princípios. Assim, o apetite da criatura racional só é reto mediante o apetite explícito do próprio Deus, em ato ou em hábito.

Respostas aos argumentos

1. Respondo, portanto, dizendo que todos os seres cognoscentes também conhecem implicitamente a Deus, em qualquer conhecimento. Com efeito, como nada tem razão de apetecível, a não ser por similitude da primeira bondade, assim nada é cognoscível, a não ser por similitude da primeira verdade.

2. Respondo, dizendo, que o ser criado é similitude da bondade divina. Por isso, enquanto algumas coisas desejam o ser desejam a similitude de Deus e, implicitamente, a Deus.

3. Respondo, dizendo que Deus pode ser considerado de dois modos: ou em si, ou em seus efeitos. Em si, de fato, porque, por ser a essência da bondade, não pode não ser amado. Por isso é amado por todos os que O veem por essência, e quanto mais cada um O conhece, tanto mais O ama. Em seus efeitos, porém, enquanto são contrários à vontade, como são as penas suportadas, ou os preceitos que parecem pesados, alguns fogem do próprio Deus e, de certo modo, se Lhe têm ódio. E é necessário que aqueles que O odeiam quanto a alguns efeitos, em outros efeitos O amem, como os próprios demônios que, segundo Dionísio no capítulo IV *Sobre os nomes divinos*,[30] por natureza apetecem ser e viver. E, por isso mesmo, apetecem e amam a Deus.

4. Respondo, dizendo que os bem-aventurados que fruem de Deus apetecem a continuidade da fruição. E, por outra parte, a própria fruição já é certo hábito aperfeiçoado por seu apetecível, ainda que o nome do apetite implique imperfeição.

5. Respondo, dizendo que apenas a criatura racional é capaz de Deus, porque apenas ela pode conhecer e amar explicitamente o próprio Deus. Ora, as outras criaturas participam da similitude divina. E, assim, apetecem a Deus.

30. PSEUDO-DIONÍSIO, *De Divinis Nominibus*, c. IV, parr. 23: PG 3, 725 C.

Artigo 3

Terceiro, pergunta-se se o apetite é alguma potência especial da alma[31]

E parece que não.

31. Outros lugares: *In III Sent.* d. 27, q. 1, a. 2; *Sum. Theo.* I, q. 80, a. 1.

Argumentos

1. Com efeito, as potências da alma não se ordenam a não ser às operações da vida. Ora, as operações da vida se dizem aquelas que se distinguem os seres animados dos inanimados.[32] Ora, segundo o apetecer, não se distinguem os seres animados dos inanimados, porque também os inanimados apetecem o bem. Logo, o apetite não é uma potência especial da alma.

2. Além do mais, o apetite não parece ser outra coisa do que certa direção até o fim. Ora, o apetite natural é suficiente para isso que algo pelo próprio apetite se dirige ao fim. Logo, não é necessário acrescentar o apetite animal, que seja uma potência especial da alma.

3. Além do mais, as operações e as potências diferem pelos términos. Ora, o mesmo é o término do apetite natural e do animal, a saber, o bem. Logo, a mesma é a potência ou a opera-

32. AVICENA, *De anima*, I, c. 2. [Ed. Venetiis, 1508, f. 2ra].

ção. Ora, o apetite natural não é a potência da alma. Logo, nem o animal.

4. Além do mais, o apetite é da coisa não tida, segundo Agostinho.[33] Ora, nos animais já se tem o bem por conhecimento. Logo, o conhecimento do bem não segue nos animais algum apetite que requeira uma potência especial.

5. Além do mais, uma potência especial se ordena a um ato especial, não, porém, a um ato comum a todas as potências da alma. Ora, apetecer o bem é comum a todas as potências da alma. O que é claro pelo fato de que qualquer potência apetece seu objeto e se deleita nele. Logo, o apetite não é uma potência especial da alma.

6. Além do mais, se a potência apetitiva apetece o bem: ou apetece o bem comumente, ou o bem para si. Contudo, se apetece o bem comumente, como toda outra potência apetece algum bem particular, a potência apetitiva não será uma potência especial, mas universal. No entanto, se apetece o bem para si, como também qualquer outra potência apetece o bem para si, pela mesma razão, qualquer outra potência poderá ser dita apetite. Logo, não existirá alguma potência que especialmente deva ser dita apetite.

Ao contrário

É que o Filósofo põe o apetite especial como potência da alma no livro III *Sobre a alma*.[34]

---

33. AGOSTINHO, *De Trinitate*, IX, c. 12: PL 42, 971.

34. ARISTÓTELES, *De Anima*, III, c. 15, 433a31. [*Da alma*, obra publicada em *Clássicos Edipro*. (N.E.)]

Respondo

Respondo, dizendo que o apetite é uma potência especial da alma. Para evidência disso, deve-se saber que as potências da alma se ordenam às operações que são próprias dos seres animados. De acordo com isso, é próprio de alguma operação que se separe dela uma potência especial da alma, porque é a própria operação do animado. No entanto, encontra-se alguma operação que, segundo um modo, é comum tanto aos seres animados e aos não animados. Mas, segundo outro modo, é própria dos animados, como ser movido e ser gerado. Com efeito, as coisas espirituais têm absolutamente a natureza do modo que movem, mas não de maneira que sejam movidas. Contudo, os corpos, de fato, movem-se e, ainda que um deles possa mover outro, porém, algum deles não pode mover a si mesmo, porque aqueles que se movem a si mesmos, como se prova no livro VIII da *Física*,[35] dividem-se em duas partes, das quais uma é a que move, e outra a movida.

O que, de fato, nas coisas puramente corporais não pode existir, porque suas formas não podem ser das que movem, ainda que possam ser princípio do movimento para que algo seja movido, como no movimento da terra em que a gravidade é o princípio pelo qual se move, porém não é motor. E isso ocorre tanto por causa da simplicidade dos corpos inanimados, que não têm tanta diversidade nas partes, de modo que uma parte possa ser a que move e outra a movida; portanto, também por causa da obscuridade e a materialidade das formas. As que distam longamente das formas separadas, das quais é próprio mover-se, não retêm que possam mover, mas só que sejam princípios do movimento.

De fato, as coisas animadas são compostas da natureza espiritual e corporal. Por isso, pode haver nelas uma parte que move e outra movida, tanto segundo o movimento local, como segundo outros movimentos. E, por isso, enquanto se move, realiza por esse modo a própria ação dos mesmos seres animados, de modo

35. ARISTÓTELES, *Physica*, VIII, c. 10, 257a33 ss.

que se movem a si mesmos a determinadas espécies de movimento. Encontram-se nos animais especiais potências ordenadas, como a potência motiva para o movimento local nos animais; a potência do crescimento para o movimento de crescimento, comumente tanto nas plantas como nos animais; a nutritiva para o movimento de alteração; a gerativa para o movimento de geração. De modo semelhante, também, o apetecer, que de certo modo é comum a todos os seres, faz-se de certo modo especial nos animados, a saber, nos animais, enquanto neles se encontra também o apetite e o que move o apetite. Com efeito, o mesmo bem apreendido é o que move o apetite, segundo o Filósofo no livro III *Sobre a alma.*[36] Por isso, como os animais se movem por si antes do que por outras coisas, assim também apetecem por si. E, por causa disso, como a potência motiva é uma potência especial na alma, assim também ocorre com a potência apetitiva.

Respostas aos argumentos

1. Respondo, portanto, dizendo que é clara a solução pelo já dito.

2. Respondo, dizendo que, porque os animais naturalmente são participantes da bondade divina de modo mais eminente do que as outras coisas inferiores, por isso é que precisam de muitas operações e auxílios para sua perfeição; como o que pode conseguir a saúde perfeita com muitos exercícios está mais próximo da saúde do que aquele que não pode obter senão uma pequena saúde, e por isso não necessita senão de um pequeno exercício, segundo o exemplo do Filósofo no livro II *Sobre o céu e o mundo.*[37] E, por isso, como o apetite natural está determinado

36. ARISTÓTELES, *De Anima*, III, c. 15, 433b11.

37. ARISTÓTELES, *De caelo et mundo*, II, c. 18, 292a22. [*Do Céu*, obra publicada em *Clássicos Edipro*. (N.E.)]

ao uno, não pode ser multiforme de modo que se estenda a tantas diversas coisas que requerem os animais. Foi necessário que nos animais se acrescentasse o apetite animal que siga a apreensão, de modo que, pela multiplicidade de apreensões, o animal se dirija a diversas coisas.

3. Respondo, dizendo que, ainda que o bem seja apetecido tanto pelo apetite natural quanto pelo apetite animal, porém pelo apetite natural não apetece algum bem por si mesmo, como pelo animal. E, por isso, para apetecer o bem, requer-se uma potência no apetite animal, que não se requer para apetecer pelo apetite natural. E, ademais, o bem ao qual tende o apetite natural é determinado e uniforme. Não é, porém, assim, no bem que se apetece pelo apetite animal. E pode, de modo semelhante, induzir acerca da virtude motiva.

4. Respondo, dizendo, que o que apetece o bem não busca ter o bem segundo o ser intencional, da maneira que se tem pelo cognoscente, mas segundo o ser natural. E, por isso, pelo fato de que o animal tem o bem para que conheça o mesmo, não se exclui que possa apetecê-lo.

5. Respondo, dizendo que cada potência apetece seu objeto com apetite natural. Mas o apetite animal pertence a uma potência especial. E porque o apetite natural é determinado ao uno, porém, o animal segue a apreensão. E é por isso que as potências singulares apetecem o bem determinado, mas a potência apetitiva apetece qualquer bem apreendido. Contudo, não se segue que seja uma potência geral, porque o bem comum apetece de um modo especial.

6. Por isso é clara a solução ao último.

Artigo 4

Quarto, pergunta-se se a vontade nos seres racionais é outra potência além da apetitiva da parte sensitiva[38]

E parece que não.

38. Outros lugares: infra q. 25, a. 1; *Sum. Theo.* I, q. 80, a. 2; *In III De anima*, lect. 14.

Argumentos

1. Com efeito, a diferença acidental dos objetos não diversifica as potências. Ora, o objeto da vontade e do apetite sensitivo não diferem a não ser pelas diferenças acidentais no bem, que por si é objeto do apetite. Ora, não parece que diferem de outra maneira a não ser que a vontade seja do bem apreendido pelo intelecto, mas o apetite sensível é do bem apreendido pelo sentido, que ocorre ao bem enquanto é bem. Logo, a vontade não é outra potência do que o apetite.

2. Além do mais, a potência apetitiva sensitiva e intelectiva diferem pelo particular e universal, porque o sentido apreende as coisas particulares, mas o intelecto as coisas universais. Ora, por isso não pode se distinguir o apetite da parte sensitiva e o da intelectiva, porque todo apetite é do bem nas coisas existentes, que não é universal, mas singular. Logo, não se deve dizer que o apetite racional, que é a vontade, seja outra potência do que o apetite sensitivo, por modo segundo o qual o intelecto é outra potência do sentido.

3. Além do mais, assim como a apreensão segue a potência apetitiva, assim a apetitiva segue a potência motiva. Ora, a motiva não é uma potência e outra nos seres racionais e nos irracionais. Logo, nem a apetitiva. E, assim, o mesmo que antes.

4. Além do mais, o Filósofo, no livro I *Sobre a alma*,[39] distingue os cinco gêneros de potência e as operações da alma, dos quais um inclui a geração, a nutrição e o crescimento; segundo, o sentido; terceiro, o apetite; quarto, o movimento segundo o lugar; quinto, o intelecto. Daí que o intelecto se distingue do sentido, não, porém, o apetite intelectivo do apetite sensitivo. Logo, parece que não se distingue a potência apetitiva superior da inferior, assim como a potência apreensiva superior da apreensiva inferior.

Ao contrário

1. É o que o Filósofo, no livro III *Sobre a alma*,[40] distingue a vontade do apetite sensitivo.

2. Além do mais, é necessário que quaisquer coisas que sejam ordenadas entre si sejam distintas. Ora, o apetite intelectivo é superior ao apetite sensitivo, segundo o Filósofo no livro III *Sobre a alma*,[41] e também move o mesmo apetite como uma esfera a outra, como diz no mesmo lugar. Logo, a vontade é outra potência distinta do apetite sensitivo.

Respondo

Respondo, dizendo que a vontade é outra potência do que a do apetite sensitivo. Para evidência disso, deve-se saber que, como

39. ARISTÓTELES, *De Anima*, I, c. 14, 441a26.

40. ARISTÓTELES, *De Anima*, III, c. 14, 432b5.

41. ARISTÓTELES, *De Anima*, III, c. 16, 434a13.

a do apetite sensitivo se distingue do apetite natural por causa da perfeição do modo de apreender, assim também o apetite racional se distingue do apetite sensitivo. Com efeito, quanto mais próxima está a natureza de Deus, tanto mais expressamente se encontra nela a similitude da dignidade divina. Contudo, pertence à dignidade divina isso que move, inclina e dirige todas as coisas, não sendo a mesma natureza movida, ou inclinada, ou dirigida por outro. Por isso, quanto mais alguma natureza é mais próxima de Deus, tanto menos está inclinada por outro, e mais tem por natureza o inclinar-se a si mesma.

Portanto, a natureza insensível, que pela razão de sua materialidade está maximamente afastada de Deus, de fato, inclina-se até algum fim, porém, não há nela algo que a incline, mas só o princípio de inclinação, como é claro pelo dito. Mas a natureza sensitiva, que é mais próxima de Deus, tem em si mesma algo que a inclina, a saber, o apetite apreensivo. Mas a mesma inclinação não está no poder do mesmo animal que se inclina, mas lhe está determinada por outro. Com efeito, o animal não pode não desejar aquele aspecto deleitável, porque os mesmos animais não têm domínio de sua inclinação. Por isso não atuam, mas são atuados, segundo Damasceno.[42] E isso porque a potência apetitiva sensitiva tem um órgão corporal, e por isso se aproxima das disposições da matéria e das coisas corporais, de modo que seja movida mais do que move. Ora, a natureza racional, que é mais próxima de Deus, não tem a inclinação até algo como tem a inanimada, não só move essa inclinação como determinada por outro, como também a natureza sensitiva. Mas, além disso, tem em poder a mesma inclinação, de modo que não seja necessário ser inclinada ao apetecível apreendido, mas possa se inclinar ou não se inclinar. E, assim, a mesma inclinação não se lhe é determinada por outro, mas por si mesma. E isso, de fato, compete-lhe enquanto não se utiliza do órgão corporal. E, assim, separando-se

42. JOÃO DAMASCENO, *De Fide Orthodoxa*, II, c. 27: PG 94, 960 D.

da natureza móvel, aproxima-se da natureza do que move e do agente. Contudo, que algo determine a inclinação até o fim, não pode suceder a não ser que conheça o fim e a relação do fim nessas coisas que são relativas ao fim, o que é apenas da razão. E, por isso, tal apetite, não determinado de modo necessário por algo distinto, segue a apreensão da razão. Por isso, o apetite racional, que se chama vontade, é outra potência do apetite sensitivo.

Respostas aos argumentos

1. Respondo, portanto, dizendo que a vontade não se distingue diretamente do apetite sensível, por isso que se segue essa apreensão ou aquela. Mas é por meio disso que determina para si a inclinação, ou tem a inclinação determinada por outro, que as duas coisas exigem que a potência não seja de um único modo. Ora, tal diversidade requer a diversidade das apreensões, como é claro pelo dito. Por isso, a distinção das potências apetitivas se toma da distinção das apreensivas, por consequência e não principalmente.

2. Respondo, dizendo que, ainda que o apetite sempre se dirija a algo que existe na natureza das coisas, que é por modo particular e não universal, alguma vez se move a apetecer pela apreensão de alguma condição universal, como apetecemos esse bem por essa condição pela qual consideramos absolutamente que o bem deve ser apreendido; outras vezes, de fato, pela apreensão do particular, segundo sua particularidade. E, por isso, como o apetite se distingue por consequência pela diferença da apreensão a qual segue, assim também se distingue por consequência pelo universal e o particular.

3. Respondo, dizendo que, como os movimentos e as operações estão nas coisas singulares, e da proporção universal não se pode descer até a conclusão particular a não ser mediante a aquisição do particular, não se pode aplicar a concepção universal do intelecto à eleição da obra, que é como a conclusão operável nas coisas, como se diz no livro VII da *Ética*,[43] a não ser mediante a apreensão particular. E, por isso, o movimento que se segue à apreensão universal do intelecto, mediante a apreensão particular do sentido, não requer outra potência motiva que responda ao intelecto, e outra que responde ao sentido, como se dá no apetite que imediatamente segue a apreensão. E, ademais, a potência motiva imperada, que se refere ao objeto, é uma potência unida aos músculos e nervos. Por isso, não pode ser da parte intelectiva, que não se utiliza de órgão.

4. Respondo, dizendo que, porque o sentido e o intelecto diferem pela natureza do apreensível enquanto é apreensível, pertencem a diversos gêneros de potências. Com efeito, o sentido tende a apreender o particular, mas o intelecto a apreender o universal. Porém, o apetite superior e o inferior não diferem por diferenças do apetecível enquanto é apetecível, porque um ou outro apetite tende, às vezes, ao mesmo bem. Mas diferem pelo modo diverso de apetecer, como é claro pelo dito. E, por isso, há diversas potências, mas não diversos gêneros de potências.

43. ARISTÓTELES, *Ethica Nicomachea*, VII, c. 3, 1147a24 ss.

ARTIGO 5

QUINTO, PERGUNTA-SE SE A VONTADE QUER ALGO POR NECESSIDADE[44]

E parece que sim.

44. Outros lugares: *In II Sent*. d. 25, a. 2; *Sum. Theo*. I, q. 82, a. 1; *De malo*, q. 6; *Sum. Theo*. I-II, q. 10, a. 1.

Argumentos

1. Segundo Agostinho, no livro XIII *Sobre a Trindade*,[45] todas as coisas buscam a beatitude com uma só vontade. Ora, o que é buscado comumente por todas as coisas é aspirado por necessidade, pois, se não fosse por necessidade, ocorreria que não seria buscado por alguma coisa. Logo, a vontade busca algo por necessidade.

2. Além do mais, tudo que move com virtude perfeita move o seu móvel por necessidade. Ora, segundo o Filósofo no livro III *Sobre a alma*,[46] o bem é o que move a vontade, na medida em que é apreendido. Logo, como algo é bem perfectivo, como Deus e a beatitude, como também se diz no livro I da *Ética*,[47] algo será o que moverá a vontade por necessidade. E, assim, algo será apetecido de modo necessário pela vontade.

---

45. AGOSTINHO, *De Trinitate*, XIII, c. 4: PL 42, 1018.

46. ARISTÓTELES, *De Anima*, III, c. 15, 433b11.

47. ARISTÓTELES, *Ethica Nicomachea*, I, c. 18, 1101b30.

3. Além do mais, a imaterialidade é a causa pela qual alguma potência não pode ser coagida, pois as potências que estão inseridas nos órgãos são coagidas, como é claro principalmente na potência motiva. Ora, o intelecto é uma potência mais imaterial do que a vontade, o que é claro pelo fato de ter um objeto imaterial, a saber, universal, pois o bem existente nas coisas particulares é o objeto da vontade. Portanto, quando o intelecto é coagido para possuir algo por necessidade, como se diz no livro V da *Metafísica*,[48] parece que a vontade também apetece algo por necessidade.

4. Além do mais, a necessidade não é removida pela vontade, a não ser por razão da liberdade, que parece ser oposta à necessidade. Ora, nem toda necessidade impede a liberdade. Por isso diz Agostinho no livro V da *Cidade de Deus*:[49] *se se define aquela que é a necessidade segundo que dizemos: é necessário que assim seja ou assim faça; desconheço por que tememos que ela nos tire a liberdade da vontade*. Logo, a vontade quer algo por necessidade.

5. Além do mais, é necessário o que não pode não existir. Ora, Deus não pode não querer o bem, como não pode não ser bom. Logo, quer o bem de modo necessário. E, assim, alguma vontade quer algo de modo necessário.

6. Além do mais, Segundo Gregório,[50] *o pecado que não se apaga pela penitência, logo arrasta por seu próprio peso a outro*. Ora, o pecado não se comete a não ser pela vontade, segundo Agostinho.[51] Logo, como a atração é certo movimento violento,

48. ARISTÓTELES, *Metaphysica*, V, c. 6, 1015b6.

49. AGOSTINHO, *De Civitate Dei*, V, c. 10: PL 41, 152.

50. GREGÓRIO MAGNO, *Moralia*, XXV, c. 9: PL 76, 334 B.

51. AGOSTINHO, *De Vera Religione*, c. 14: PL 34, 133.

como é claro no livro VII da *Física*,[52] alguém pode ser violentamente coagido a querer algo de modo necessário.

7. Além do mais, segundo o que diz o Mestre no livro I *Sobre as Sentenças*,[53] e toma das palavras de Agostinho, *no segundo estado*, isto é, no estado de culpa, *não pode o homem não pecar, inclusive mortalmente, antes da reparação, mas depois da reparação não pode não pecar, ao mesmo venialmente*. Ora, tanto o pecado mortal como o venial são voluntários. Logo, algum estado do homem existe no que não pode não querer isso no qual consiste o pecado. E, assim, a vontade quer algo por necessidade.

8. Além do mais, quanto mais algo está inclinado por natureza para mover, tanto mais está inclinado por natureza a suportar a necessidade. Ora, o bem pode mover mais que a verdade, pois o bem está nas coisas, mas o verdadeiro está apenas na mente, como se diz no livro VI da *Metafísica*.[54] Logo, como o verdadeiro coage o intelecto, com muito mais força o bem coagirá a vontade.

9. Além do mais, o bem imprime de modo mais forte do que o verdadeiro, o que fica claro pelo fato de que o amor, que é a impressão do bem, é mais unitivo do que o conhecimento, que é a impressão do verdadeiro, pois o amor, segundo Agostinho, é certa vida que une o amante ao amado. Logo, o bem pode inferir mais necessidade à vontade do que a verdade ao intelecto. E, assim, o mesmo que antes.

10. Além do mais, quanto mais pode alguma potência no seu objeto, tanto menos pode ser coagida por ele. Ora, a ra-

52. ARISTÓTELES, *Physica*, VII, c. 3, 243a24.

53. PEDRO LOMBARDO, *Liber Sententiarum*, I, d. 25, c. 5.

54. ARISTÓTELES, *Metaphysica*, VI, c. 4, 1027b25.

zão pode mais em seus objetos do que a vontade, pois, segundo Agostinho, no livro XII *Sobre a Trindade*,[55] a razão forma em si as espécies das coisas, mas a vontade não, porém, ela se move pelas coisas apetecíveis. Logo, a vontade pode ser mais coagida pelas coisas apetecíveis do que a razão pelas coisas cognoscíveis. E, assim, o mesmo que antes.

11. Além do mais, o que inere por si inere por necessidade. Ora, o querer algo por si inere na vontade. Logo, a vontade quer algo por necessidade. Prova da proposição média. O sumo bem é por si querido. Logo, quando a vontade se dirige a ele, o quer por si. Ora, sempre se dirige a ele, porque naturalmente se dirige a ele. Logo, a vontade sempre quer por si o sumo bem.

12. Além do mais, no conhecimento da ciência se encontra a necessidade. Ora, como todos os homens querem naturalmente conhecer, segundo o Filósofo no livro I da *Metafísica*,[56] assim, também, naturalmente, querem o bem. Logo, na vontade do bem se encontra a necessidade.

13. Além do mais, a Glosa[57] de Rm 8,15 ss. diz que a vontade quer naturalmente o bem. Ora, as coisas que são segundo a natureza são por necessidade. Logo, a vontade quer o bem por necessidade.

14. Além do mais, tudo que aumenta e diminui pode também ser removido totalmente. Ora, a liberdade da vontade aumenta e diminui, pois o homem teve mais livre-arbítrio antes do pecado do que depois do pecado, segundo Agostinho.[58]

55. Essa referência se encontra, na verdade, em outro livro de AGOSTINHO, *De Genesis ad Litteram*, XII, c. 23: PL 34, 473.

56. ARISTÓTELES, *Metaphysica*, I, c. 1, 980a21.

57. Glosa de PEDRO LOMBARDO: PL 191, 1423 A.

58. AGOSTINHO, *Enchiridium*, c. 105: PL 40, 281.

Logo, a liberdade da vontade pode ser totalmente removida. E, assim, a vontade pode ser coagida por necessidade.

Ao contrário

1. Segundo Agostinho no livro V da *Cidade de Deus*,[59] se algo é voluntário, não é necessário. Ora, tudo que queremos é voluntário. Logo, a vontade não quer algo por necessidade.

2. Além do mais, diz Bernardo[60] que o livre-arbítrio é o que é mais potente em Deus. Ora, o que é tal não pode ser coagido por algo. Logo, a vontade não pode ser coagida de modo que queira algo por necessidade.

3. Além do mais, a liberdade se opõe à necessidade. Ora, a vontade é livre. Logo, não quer algo por necessidade.

4. Além do mais, diz Bernardo[61] que *o livre-arbítrio, por nobreza natural, não é movido por nenhuma necessidade*. Ora, a dignidade da vontade não pode ser removida. Logo, a vontade não pode querer algo por necessidade.

5. Além do mais, as potências racionais se referem aos opostos, segundo o Filósofo.[62] Ora, a vontade é a potência racional, pois está na razão, como se diz no livro III *Sobre a alma*.[63] Logo, refere-se aos opostos. E, por isso, não é determinado por necessidade a algo.

59. AGOSTINHO, *De Civitate Dei*, V, c. 10: PL 41, 152.

60. BERNARDO, *De Gratia et Libero Arbitrio*, c. 10: PL 182, 1019 A-B.

61. BERNARDO, *De Gratia et Libero Arbitrio*, c. 3: PL 182, 1004 D.

62. ARISTÓTELES, *Metaphysica*, IX, c. 2, 1046b4.

63. ARISTÓTELES, *De Anima*, III, c. 14, 432b5.

6. Além do mais, o que é determinado por necessidade a algo está naturalmente determinado a isso. Ora, a vontade se distingue do apetite natural. Logo, a vontade não quer algo por necessidade.

7. Além do mais, pelo fato de que algo é voluntário, diz-se estar em nós de maneira que sejamos seus senhores. Ora, aquilo que está em nós, do qual somos donos, podemos querer e não querer. Logo, tudo que a vontade quer pode querer e não querer. E, assim, não quer algo por necessidade.

Respondo

Respondo, dizendo que, assim como se pode tomar as palavras de Agostinho no livro I do capítulo XI da *Cidade de Deus*[64], há um dupla necessidade: a necessidade, a saber, de coação, e essa de nenhum modo pode convir à vontade; e a necessidade natural de inclinação, como dizemos que Deus vive por necessidade. E, com tal necessidade, a vontade quer algo por necessidade. Para a evidência disso, deve-se saber que nas coisas ordenadas é necessário que o primeiro modo seja incluído no segundo, e no segundo se encontre não só isso que lhe compete segundo a própria natureza, mas também o que compete segundo a natureza do primeiro, como ao homem não só convém o uso da razão, o que lhe compete segundo a própria diferença, que é racional, mas também o uso do sentido ou do alimento, que também lhe compete segundo seu gênero, que é animal ou ser vivo. E, de modo semelhante, também vemos nos sentidos que, como o sentido do tato é o fundamento dos outros sentidos, no órgão de cada sentido não só se encontra a propriedade daquele sentido do qual o órgão é próprio, mas também a propriedade do

64. AGOSTINHO, *De Civitate Dei*, V, c. 10: PL 41, 152.

tato; por exemplo, o olho não sente só o branco e o negro, como órgão da visão, mas também sente o cálido e o frio e se corrompe pelos mais excelentes deles, como órgão do tato.

Contudo, a natureza e a vontade estão ordenadas de tal modo que inclusive a própria vontade é certa natureza, porque tudo que se encontra nas coisas se diz certa natureza. E, por isso, na vontade é necessário que se encontre não só isso que é da vontade, mas também o que é da natureza. No entanto, é próprio de qualquer natureza criada que seja ordenada por Deus ao bem, apetecendo-o naturalmente. Por isso, também certo apetite do bem que lhe seja conveniente, também inere na mesma vontade. E, ademais, isso tem o apetecer algo segundo a própria determinação, não por necessidade, que lhe compete enquanto é vontade. No entanto, como há ordem da natureza em relação à vontade, assim se encontra a ordem das coisas que naturalmente a vontade quer em relação a essas coisas pelas quais ela mesma se determina não por natureza. E, por isso, como a natureza é fundamento da vontade, assim o apetecível, que é naturalmente apetecido, é princípio e fundamento de outros apetecíveis. Contudo, nessas coisas apetecíveis, o fim é o fundamento e o princípio dessas coisas que para o fim se ordenam, pois essas que coisas são por causa do fim, não são apetecidas a não ser por razão de fim. E, por isso, aquilo que a vontade quer por necessidade, como por uma inclinação natural determinada nela mesma, é o fim último, como a beatitude e essas coisas que se inclinam nela mesma, como o ser, o conhecimento da verdade e coisas semelhantes. Mas não se determina por necessidade a outras coisas por inclinação natural, mas por própria disposição, sem nenhuma necessidade.

No entanto, ainda que a vontade queira o fim último por certa inclinação necessária, porém, de nenhum modo se deve conceder que seja coagida a querê-lo. Com efeito, a coação não é outra coisa do que a indução de certa violência. *Porém a vio-*

lência é, segundo o filósofo no livro III da *Ética*,[65] *aquilo cujo princípio é exterior, cooperando em nada a força do sujeito passivo*, por exemplo, se a pedra for jogada para cima, uma vez que de nenhum modo isso diz respeito ao que ela é em si, ela não se inclina a esse movimento. Ora, como a própria vontade é certa inclinação, porque é certo apetite, não pode suceder que a vontade queira algo e que sua inclinação não seja para aquilo. E, assim, não pode suceder que a vontade queira algo de modo coagido ou violento, inclusive se quer algo por inclinação natural. Portanto, é claro que a vontade não quer algo necessário por necessidade de coação, mas quer algo necessário pela necessidade da inclinação natural.

Respostas aos argumentos

1. Respondo, portanto, dizendo que aquele apetite comum de beatitude não procede de alguma coação, mas da inclinação natural.

2. Respondo, dizendo que por mais que algum bem mova eficazmente a vontade, porém, não a pode coagir. De fato, a partir do que é posto para que a vontade queira algo, põe-se que tem a inclinação para aquilo que é contrário à coação. Mas, ocorre que, pela perfeição de algum bem, a vontade se determina àquilo por inclinação da necessidade natural.

3. Respondo, dizendo que o intelecto intelige algo naturalmente, como também a vontade quer algo naturalmente. Mas a coação não é contrária ao intelecto segundo sua natureza, como também a coação não é à vontade. Com efeito, ainda que o intelecto tenha uma inclinação para algo, não nomeia, porém,

65. ARISTÓTELES, *Ethica Nicomachea*, III, c. 1, 1110a1 e 1110b15.

a mesma inclinação do homem, mas a própria vontade nomeia a inclinação do homem. Por isso, qualquer coisa que se realiza segundo a vontade realiza-se segundo a inclinação do homem e, por isso, não pode ser violenta. Ora, a operação do intelecto pode ser contra a inclinação do homem, que é a vontade, como quando, alguma opinião agrada alguém, mas pela eficácia das argumentações é conduzido pelo intelecto a assentir o contrário.

4. Respondo, dizendo, que Agostinho fala da necessidade natural, que não excluímos da vontade em relação a alguns objetos, e inclusive essa necessidade se encontra na vontade divina, como também no ser divino, pois Ele é necessário por si mesmo, como se diz no livro V da *Metafísica*.[66]

5. Por isso, é clara a solução ao quinto.

6. Respondo, dizendo que o pecado cometido não leva a vontade arrastando-a, mas inclinando-a, enquanto priva a graça pela qual o homem se fortifica contra o pecado, enquanto, também, pelo ato do pecado permanece a disposição e o hábito na alma que a inclina ao pecado seguinte.

7. Respondo, dizendo que acerca disso há dupla opinião. Com efeito, alguns[67] dizem que o homem, enquanto está em estado de pecado mortal, pode evitar o pecado mortal pela liberdade da vontade. E expõem o que se diz: não pode não pecar, isto é, não se pode ter o pecado, como também se diz que ver e ter a visão e poder usar a visão. Contudo, pode, segundo eles, não pecar, isto é, não usar do pecado. E segundo isso, é claro que nenhuma necessidade se introduz na vontade para consentir com o

66. ARISTÓTELES, *Ethica Nicomachea*, V, c. 6, 1015b9.

67. Cfr. esta referência: TOMÁS DE AQUINO: *In II Sententiarum*, d. 28, q. 1, a. 2, ad 1.

pecado. Contudo, outros[68] disseram que, assim como o homem no estado de vida não pode evitar o pecado venial, não porque não possa evitar esse ou aquele, mas porque não pode evitar todos, a saber, de modo que não cometa nenhum, como ocorre também com os pecados mortais nesse que não tem a graça. E de acordo com isso também é claro que a vontade não tem necessidade de querer isso ou aquilo, ainda que sem a graça se encontra deficiente de uma inclinação eficiente para o bem.

8. Respondo, dizendo que a forma recebida em algo não move aquilo no qual é recebida, mas o fato disso mesmo ter tal forma, ele deve ser movido. Contudo, é movido por um agente exterior, como o corpo que é aquecido pelo fogo não se move pelo calor recebido, mas pelo fogo. Assim, também, o intelecto não é movido pela espécie já recebida, ou pela verdade que ela alcança pela própria espécie, mas por alguma coisa exterior que imprime no intelecto, como é o intelecto agente ou a imagem ou alguma outra coisa semelhante. E, ademais, como o verdadeiro é proporcional ao intelecto, assim também o bem o é em relação à afecção. Por isso, o verdadeiro, pelo fato de estar na apreensão, não tem por natureza a capacidade de mover menos o intelecto do que o bem à afecção. E, além do mais, o fato de que a vontade não é coagida pelo bem, não é pela insuficiência do bem para ser movido, mas pela própria natureza da vontade, como ficou claro pelo dito.

9. E, por isso, fica clara a resposta ao nono.

10. Respondo, dizendo que a coisa que está fora da alma não imprime sua espécie no intelecto possível, a não ser pela operação do intelecto agente. E, portanto, diz-se que a alma forma

68. BOAVENTURA, *In Sententiarum*, II, d. 28, a. 2, q. 2.

por si mesma as formas das coisas. E, de modo semelhante, também, que a vontade tenda ao apetecível não se dá sem a operação da vontade. Por isso, o argumento não procede. E, ademais, pode-se dizer como em relação às duas objeções precedentes.

11. Respondo, dizendo que o primeiro bem é querido por si, e a vontade o quer por si e naturalmente, porém não o quer sempre em ato. Com efeito, não é necessário que essas coisas que são convenientes naturalmente à alma estejam sempre em ato na alma, como os princípios que são naturalmente conhecidos nem sempre são considerados em ato.

12. Respondo, dizendo que não pertence à mesma classe de necessidade, a necessidade com a qual, pela ciência, conhecemos algo necessariamente, e a necessidade com a qual apetecemos a ciência necessariamente. Com efeito, a primeira pode se dar segundo a necessidade de coação, mas a segunda não, a não ser segundo a necessidade da inclinação natural. E, assim, também a vontade quer o bem, enquanto quer o bem naturalmente.

13. E por isso fica clara a solução ao décimo terceiro.

14. Respondo, dizendo que a liberdade que é aumentada, e a que é diminuída, é a liberdade de pecado e da miséria, não, porém, a liberdade de coação. Por isso, não se segue que a vontade possa chegar a ser coagida.

Resposta ao contrário

1. Respondo, dizendo, em contrário, que aquela autoridade deve ser entendida em relação à necessidade de coação, que repugna à vontade, não porém à necessidade de inclinação natural, que, segundo Agostinho no livro V da *Cidade de Deus*,[69] não repugna a vontade.

2. Respondo, dizendo que não pertence à impotência da vontade, se é levada a algo pela necessidade com inclinação natural, mas à sua capacidade, como o pesado tanto mais é virtuoso quanto mais é levado para baixo por necessidade. Contudo, pertence à sua debilidade se fora coagido por outro.

3. Respondo, dizendo que a liberdade, segundo Agostinho, opõe-se à necessidade de coação, não, porém, à inclinação natural.

4. Respondo, dizendo que a necessidade natural não repugna a dignidade da vontade, mas só a necessidade de coação.

5. Respondo, dizendo que a vontade, enquanto é racional, refere-se aos opostos, pois isso é considerá-la segundo isso que lhe é próprio. Mas enquanto é certa natureza, nada impede que ela seja naturalmente determinada ao uno.

6. Respondo, dizendo que a vontade se distingue do apetite natural tomado em sentido preciso, isto é, que é apenas natural, como o homem se distingue disso que é apenas animal. Contudo, não se distingue absolutamente do apetite natural, mas o inclui, como homem inclui animal.

7. Respondo, dizendo que aquela razão também procede da vontade, na medida em que é vontade, pois isso é próprio da vontade; enquanto é vontade, que seja dona dos seus atos.

69. AGOSTINHO, *De civitate Dei*, V, c. 10: PL 41, 152.

ARTIGO 6

SEXTO, PERGUNTA-SE SE A VONTADE QUER POR NECESSIDADE TUDO O QUE QUER[70]

E parece que sim.

70. Outros lugares: *In II Sent.* d. 25, a. 2; *Sum. Theo.* I, q. 82, a. 2 ; *In I Periherm.* lect. 14; *De malo*, q. 3, a. 3 e q. 6; *Sum. Theo.* I-II, q. 10, a. 2.

Argumentos

1. Com efeito, quanto mais algo é nobre, tanto mais é imutável. Ora, viver é mais nobre do que ser; inteligir, do que viver; e querer, do que inteligir. Logo, o querer é mais imutável do que o ser. Ora, o ser da alma que quer é imutável, porque é incorruptível. Logo, também seu querer é imutável. E, assim, qualquer coisa que quer quer imutavelmente e de modo necessário.

2. Além do mais, quanto mais algo é conforme a Deus, tanto mais é imutável. Ora, a alma se conforma mais a Deus pela segunda conformidade, que é de similitude, do que pela primeira conformidade, que é de imagem. Contudo, na primeira conformidade tem imutabilidade, porque a alma não pode perder a imagem, segundo o que se diz no Sl 38,7: *o homem muda na imagem.*[71] Logo, também segundo a conformidade, que é de

71. Neste caso, não utilizamos a tradução da *Bíblia de Jerusalém*. Optamos por traduzir conforme o texto latino usado por Tomás, para melhor compreensão do seu argumento.

similitude, que consiste na devida ordenação da vontade, terá a imutabilidade, de modo que a vontade queira o bem imutavelmente, nem possa querer o mal.

3. Além do mais, assim como o ato se refere ao ente em ato, assim a potência ao ente potencial. Ora, Deus, como é bem em ato, não pode fazer algo mal em ato. Logo, também a sua potência, que é boa, não pode produzir algo que seja mal em potência. E, assim, a vontade, que produziu a divina potência, não pode tender ao mal.

4. Além do mais, segundo o Filósofo no livro VI e VII da *Ética*,[72] assim como os princípios se referem às conclusões nas ciências demonstrativas, assim os fins se referem às coisas que são para o fim nas coisas operáveis e apetecíveis. Ora, pelos princípios que são naturalmente conhecidos, introduz-se a necessidade no intelecto, de maneira que conheça as conclusões por necessidade. Logo, já que que a vontade quer por necessidade o fim último, pelo modo já dito, também quer por necessidade todas as outras coisas que se ordenam ao fim último.

5. Além do mais, tudo o que está naturalmente determinado a algo, alcança-o por necessidade, a não ser que algo o impeça. Ora, a vontade quer naturalmente o bem, como diz a Glosa de Rm 7,15.[73] Logo, quer imutavelmente o bem, pois não há algo que a possa impedir, já que é o mais poderoso que existe abaixo de Deus, segundo Bernardo.[74]

6. Além do mais, assim como as trevas se opõem à luz, assim o mal, ao bem. Ora, a visão, que é naturalmente determinada

72. ARISTÓTELES, *Ethica Nicomachea*, VI, c. 10, 1144a31; VII, c. 8, 1151a16.

73. Glosa de PEDRO LOMBARDO: PL 191, 1423 A.

74. BERNARDO, *De Gratia et Libero Arbitrio*, c. 10: PL 182, 1019 A-B.

por natureza a conhecer a luz e as coisas lúcidas, naturalmente vê que aquilo que é tenebroso não o pode ver. Logo, também a vontade, cujo objeto é o bem, quer imutavelmente o bem, porque o mal, de nenhum modo, ela poderá querer. E, assim, a vontade tem certa necessidade não só em relação ao fim último, mas também em relação aos demais fins.

Ao contrário

1. Agostinho[75] diz que é pela vontade que se peca e se vive retamente. Logo, a vontade não se refere imutavelmente nem ao bem, nem ao mal.

2. Além do mais, segundo Agostinho, o pecado é voluntário, de modo que, se não for voluntário, não é pecado. Portanto, se o pecado, de nenhum modo, for da vontade, não haverá pecado de nenhum modo, o que é claramente falso pela experiência.

Respondo

Respondo, dizendo que algo se diz necessário, se for imutavelmente determinado ao uno. Por isso, como a vontade se refere de modo indeterminado a muitas coisas, não tem necessidade com relação a todas as coisas, mas em relação àquelas que se determinam por inclinação natural, como foi dito. E porque todo móvel se reduz ao imóvel, e o indeterminado ao determinado, como ao princípio, por isso é necessário que isso a que a vontade é determinada seja princípio de apetecer essas coisas às quais não está determinada. E isso é o fim último, como foi dito. Contudo, encontra-se indeterminação da vontade com relação a três coisas: a saber, com relação ao objeto, com relação ao ato e com relação à ordem ao fim.

75. AGOSTINHO, *Retractationes*, I, c. 9: PL 32, 596.

De fato, com relação ao objeto, a vontade é indeterminada, quanto a essas coisas que são para o fim, não quanto ao próprio fim último, como foi dito. Isso ocorre porque a vontade pode alcançar o fim último por muitas vias, e diversas vias concorrem para que a vontade alcance uma mesma coisa. E, por isso, o apetite da vontade não pode estar determinado a essas coisas que são meios para o fim, como se dá nas coisas naturais, que não têm senão certas e determinadas vias para atingir o fim certo e determinado. E, assim, fica claro que as coisas naturais, porque apetecem o fim por necessidade, também apetecem as coisas que são meios para o fim, de modo que nada se possa tomar nelas que possa apetecer ou não apetecer. Ora, a vontade apetece por necessidade o fim último, de modo que não possa deixar de apetecer o mesmo. Contudo, não apetece algo por necessidade dessas coisas que são meios para o fim. Por isso, desse modo, há na vontade o poder de apetecer isto e aquilo, em relação a esses objetos intermediários ao fim último.

Segundo, a vontade está indeterminada também em relação ao ato, porque também acerca de um objeto determinado pode usar ou não usar de seu ato quando quiser, pois pode passar ao ato de querer ou não querer qualquer coisa. O que não ocorre nas coisas naturais. Com efeito, o pesado sempre desce em ato, a não ser que algo o proíba. O que, então, ocorre devido às coisas inanimadas que não são movidas por si mesmas, mas por outras. Por isso, não existe nelas o poder de mover-se e o não se mover. Contudo, as coisas animadas se movem a si mesmas. E é por isso que a vontade pode querer e não querer.

Terceiro, a indeterminação da vontade é em relação à ordem ao fim, enquanto a vontade pode apetecer isso que se ordena ao fim segundo a verdade, ou só segundo a aparência. E essa indeterminação ocorre por duas coisas: a saber, pela indeterminação acerca do objeto nessas coisas que são meios para o fim, e também por indeterminação da apreensão que pode ser reta ou não reta. Com efeito, assim como de algum princípio verdadeiro dado não se segue uma falsa conclusão, a não ser por alguma falsidade da razão, ou por assumir algo falso, ou ordenando de modo falso o princípio à conclusão; assim, também, do que inere no apetite reto do fim último não se pode seguir que alguém apeteça algo desordenado, a não ser que a razão tomasse algo que não seja ordenável ao fim como ordenável ao fim como, por exemplo, ocorre com quem apetece naturalmente a beatitude com apetite reto e que nunca seria levado a apetecer a fornicação, a não ser enquanto a apreende como certo bem do homem, enquanto é algo deleitável. E, assim, como ordenável à beatitude, quer uma imagem da beatitude. E disso se segue a indeterminação da vontade, pela qual pode apetecer o bem ou o mal.

No entanto, como se diz que a vontade é livre, enquanto não tem necessidade, a liberdade da vontade se considera de três modos: a saber, quanto ao ato, enquanto pode querer ou não querer; quanto ao objeto, enquanto pode querer isso ou aquilo, também os seus opostos; e quanto à ordem ao fim, enquanto pode querer o bem ou o mal. Ora, quanto ao primeiro, inere a liberdade na vontade em qualquer estado da natureza com relação a qualquer objeto. Com efeito, qualquer ato da vontade está em potência em relação a qualquer objeto. Quanto ao segundo desses modos, refere-se, pois, a alguns objetos, a saber, esses que são meios em relação ao fim, e não são o próprio fim. E também se refere à qualquer estado da natureza. Contudo, quanto ao terceiro modo, não é em relação a todos os objetos, mas a alguns, a saber, àqueles que são meios para o fim, nem é em relação a qualquer estado da natureza, mas apenas àqueles nos quais a natureza pode falhar. De fato, onde não há defeito ao apreender e comparar, não pode existir vontade de mal, inclusive nessas coisas que são meios para o fim, como fica claro nos bem-aventurados. E, portanto, diz-se que querer o mal não é liberdade, nem parte da liberdade, ainda que seja certo sinal da liberdade.

Respostas aos argumentos

1. Respondo, portanto, dizendo que o ser da alma não é determinado por si mesma, mas por outro. Contudo, ela mesma determina para si o seu querer. E, por isso, ainda que o ser seja imutável, o querer é indeterminado e, por isso, flexível para diversas coisas. E não é verdadeiro que inteligir ou querer seja mais nobre do que ser, se se separam do ser, assim maximamente o ser é mais nobre do que eles, segundo Dionísio no capítulo V do livro *Sobre os nomes divinos*.[76]

2. Respondo, dizendo que a conformidade de uma imagem é considerada de acordo com as potências naturais, que são determinadas por natureza. E, por isso, essa conformidade sempre permanece. Ora, a segunda conformidade, que é de similitude, é por graça, e por hábito e atos das virtudes, às quais a alma se ordena por ato da vontade, que consiste no seu poder. E, por isso, essa conformidade não permanece sempre.

3. Respondo, dizendo que, em Deus, não há potência passiva ou material que se distinga do ato, do qual procede a objeção. Contudo, há a potência ativa, que é o próprio ato, porque cada um é capaz de atuar, na medida em que está em ato. Isso, porém, de que a vontade é flexível para o mal, a vontade não tem isso em relação ao que procede de Deus, mas do que procede do nada.

4. Respondo, dizendo que, nas ciências demonstrativas, as conclusões se referem aos princípios, de modo que removida a conclusão se remove o princípio. E, assim, por causa dessa determinação das conclusões, com relação aos princípios, o

---

76. PSEUDO-DIONÍSIO, *De Divinis Nominibus*, c. V, parr. 3: PG 3, 817 A.

intelecto é coagido pelos mesmos princípios para consentir nas conclusões. Ora, essas coisas que são meios para o fim não têm essa determinação com relação ao fim, de modo que, removido algo delas, remove-se o fim, pois por diversas vias se pode atingir o fim último, ou segundo a verdade ou o bem, segundo a aparência. E, por isso, por necessidade que inere no apetite voluntário com relação ao fim, não introduz a necessidade dessas coisas que são meios para o fim.

5. Respondo, dizendo que a vontade quer naturalmente o bem, mas não determinadamente a este ou aquele bem como, por exemplo, a visão vê naturalmente a cor, mas não esta ou aquela determinadamente. E, por causa disso, qualquer coisa que quer a quer sob a razão de bem. Contudo, não é necessário que sempre queira este ou aquele bem.

6. Respondo, dizendo, que nada é mal ao ponto que não possa ter alguma espécie de bem. E, em razão dessa bondade, tem o poder de mover o apetite.

ARTIGO 7

SÉTIMO, PERGUNTA-SE SE ALGUÉM MERECE O QUE QUER POR NECESSIDADE DA VONTADE[77]

E parece que não.

77. Outros lugares: *CG*. III, c. 138; *Sum. Theo*. II-II, q. 88, a. 6.

Argumentos

1. Aquilo que alguém quer por necessidade o quer naturalmente. Ora, não merecemos as coisas naturais. Logo, não merecemos com tal vontade.

2. Além do mais, o mérito e o demérito são acerca do mesmo. Ora, ninguém desmerece nisso que não pode evitar, segundo Agostinho.[78] Logo, ninguém merece nisso que quer por necessidade.

3. Além do mais, ninguém merece a não ser por ato da virtude. Ora, todo ato da virtude é pela eleição, não, porém, por natural inclinação. Logo, ninguém merece por aquilo que quer por necessidade.

---

78. AGOSTINHO, *De Duabus Animabus*, c. 10: PL 42, 103; c. 11: PL 42, 105; *De Libero Arbitrio*, III, c. 18: PL 32, 1295.

Ao contrário

1. Qualquer criatura apetece a Deus naturalmente e por necessidade. Ora, merecemos pelo amor de Deus. Logo, pode-se merecer mediante isso que alguém quer necessariamente.

2. Além do mais, a beatitude consiste na vida eterna. Ora, os santos merecem apetecendo a vida eterna. Logo, alguém merece querendo isso que naturalmente quer.

Respondo

Respondo, dizendo que alguém, querendo isso que naturalmente quer, de certo modo, merece e, de outro modo, não. Para a evidência disso, deve-se saber que algo está previsto naturalmente de modo diferente para o homem e para os outros animais, tanto segundo o corpo, quanto segundo a alma. Com efeito, em outros animais está previsto um revestimento especial segundo o corpo, como uma pele dura, as plumas e outras coisas semelhantes, também defesas especiais, como os chifres, as unhas e coisas semelhantes. Isso ocorre porque têm poucas vias de operar, com relações às coisas para as quais podem ordenar determinados instrumentos. Mas, essas coisas são providas em geral para o homem, enquanto lhe são dadas as mãos por natureza, com as quais ele pode preparar para si vestimentas e defesas. E é por isso que a razão do homem é assim múltipla e se estende a diversas coisas, que alguns determinados instrumentos não seriam suficientes para que ele preparasse tais coisas.

De modo semelhante, também ocorre por parte da apreensão, que estão introduzidas nos outros animais especiais concepções necessárias, segundo certa estimação natural, como para a ovelha, que o lobo seja seu inimigo, e outras coisas semelhantes. Mas, em seu lugar, para o homem, são incorporados os princípios universais naturalmente conhecidos, pelos quais pode proceder em todas as coisas as que lhe são necessárias. E, de modo semelhante, também se dá por parte do apetite. Com efeito, nas outras realidades está introduzido o apetite natural de alguma coisa determinada, como o pesado que se dirige para baixo, e também para cada animal isso que lhe é conveniente, segundo sua natureza. Mas ao homem lhe é introduzido o apetite de seu fim último em comum, a saber, de modo que apeteça naturalmente ser completo na bondade. Ora, não lhe está determinado por natureza em que consiste essa perfeição, se nas virtudes, ou nas ciências, ou nos deleites, ou em outras coisas semelhantes.

Portanto, quando o homem pela própria razão, ajudado pela graça divina, apreende algum bem especial, como sua beatitude, na qual verdadeiramente consiste sua beatitude, então merece, não por isso que apetece a beatitude, que naturalmente apetece, mas por isso que apetece essa coisa especial que não apetece naturalmente, como a visão de Deus, na qual, porém, consiste sua beatitude, como uma verdade real. De fato, se alguém por errônea razão é levado a apetecer algo especial para sua beatitude, como os deleites corporais, nos quais, porém, não consiste sua beatitude, como uma verdade real, assim, apetecendo a beatitude, não merece, não porque apetece a beatitude, mas porque indevidamente apetece isso como beatitude, no qual não está a beatitude. Portanto, é claro que, querendo isso que alguém naturalmente quer, em si não é meritório nem demeritório; mas, na medida em que se especifica nisto ou naquilo, pode ser ou meritório ou demeritório. E, desse modo, os santos merecem ao apetecer Deus e a vida eterna.

Respostas aos argumentos

E por isso é clara a resposta às objeções 1-3.

Artigo 8

Oitavo, pergunta-se se Deus pode coagir a vontade[79]

E parece que sim.

79. Outros lugares: *In II Sent.* d. 25, a. 2; *CG.* III, c. 88, 89 e 91; *Sum. Theo.* I, q. 105, a. 4 e q. 106, a. 2; ibid. q. 111, a. 2; *Comp. theo.*, c. 129; *De malo*, q. 3, a. 3; *Sum. Theo.* I-II, q. 9, a. 4 et 6.

Argumentos

1. Com efeito, quem pode direcionar algo para onde quiser, pode coagir a vontade quando quiser. Ora, diz-se em Pr 21,1: *assim o coração do rei na mão do Senhor, este segundo o seu querer, o inclina*. Logo, Deus pode coagir a vontade.

2. Além do mais, sobre isso, em Rm 1,24: *por isso Deus os entregou* etc. Diz a Glosa[80] de Agostinho: *é manifesto que Deus pode operar nos corações dos homens para inclinar suas vontades até qualquer coisa que quer, ou até o bem por sua misericórdia, ou o bem ao mal pelos seus méritos*. Logo, Deus pode coagir a vontade.

3. Além do mais, se o finito age de modo finito, o infinito age de modo infinito. Ora, alguma criatura finita leva a vontade

80. Glosa de PEDRO LOMBARDO: PL 191, 1132 A, tomada de AGOSTINHO, *De Gratia et Libero Arbitrio*, c. 21: PL 44, 909.

de modo finito, porque, como diz Cícero,[81] o honesto é aquele que nos leva e sua dignidade nos seduz. Logo, Deus, que tem poder infinito ao agir, pode coagir totalmente a vontade.

4. Além do mais, diz-se propriamente coagido a fazer algo, quem não pode não fazer aquilo, ou o quer ou não o quer. Ora, a vontade não pode não querer que Deus com vontade de beneplácito queira o que ela quer, pois, de outro modo, a vontade de Deus seria ineficaz com relação à nossa vontade. Logo, Deus pode coagir a vontade.

5. Além do mais, é inerente a qualquer criatura a perfeita obediência ao Criador. Ora, a vontade é certa criatura; portanto lhe é inerente a perfeita obediência ao criador; logo, Deus pode coagi-la para o que quer.

Ao contrário

1. É que ser livre por coação é natural à vontade. Ora, as coisas naturais não podem ser removidas por algo. Logo, a vontade não pode ser coagida por Deus.

2. Além do mais, Deus não pode fazer que os opostos sejam simultaneamente verdadeiros. Ora, o voluntário e o violento são opostos, porque o violento é uma espécie de involuntário, como fica claro no livro III da *Ética*.[82] Logo, Deus não pode fazer com que a vontade queira algo por coação. E, assim, não pode coagir a vontade.

---

81. CÍCERO, *De inventione*, II, c. 52, n. 157.

82. ARISTÓTELES, *Ethica Nicomachea*, III, c. 1, 1109b35.

Respondo

Respondo, dizendo, que Deus pode mudar a vontade por necessidade, não, porém, pode coagi-la. Com efeito, qualquer coisa que mude a vontade para algo não se diz que a coage para aquilo. A razão disso é que o próprio querer algo é inclinar-se para aquilo. Contudo, a coação ou a violência é contrária à inclinação daquela coisa que é coagida. Portanto, quando Deus muda a vontade, faz com que a inclinação precedente siga outra inclinação, de modo que remove a primeira e permanece a segunda. Por isso, aquilo a que inclina a vontade não é contrário à inclinação já antes existente, mas à inclinação que tinha antes. Assim, pois, não há violência nem coação, tal como a inclinação para o lugar inferior da pedra, por razão do seu peso, mas, permanecendo essa inclinação, se levada até acima, haverá violência. No entanto, se Deus remove da pedra a inclinação do seu peso e lhe dá a inclinação da leveza, então o ser levada para cima não seria para ela violento. E, assim, a mudança do movimento pode ser sem violência. E, por esse modo, deve-se entender que Deus muda a vontade sem isso que coaja a vontade.

Contudo, Deus pode mudar a vontade, porque Ele mesmo atua na vontade, tal como também faz na natureza. Por isso, assim como toda ação natural procede de Deus, assim toda ação da vontade, enquanto é ato, não é da vontade como do agente imediato, mas também de Deus, como do primeiro agente, que imprime de modo mais veemente. Por isso, como a vontade pode mudar seu ato em outro, como ficou claro pelo dito, assim também ocorre com Deus, de modo muito mais amplo. No entanto, a vontade muda de dois modos. De um modo, apenas movendo, a saber, quando a vontade move-se a querer algo sem que imprima alguma forma na vontade, por exemplo, sem aposição de algum hábito, quando faz com que o homem queira isso que antes não queria. De outro modo, porém, imprimindo alguma forma na própria vontade, pois, tal como a vontade se inclina a querer algo pela própria natureza que Deus lhe deu, como ficou claro pelo dito, assim, por algo acrescentado, como é a graça ou a virtude, a alma se inclina agora a querer algo a que antes não estava determinada pela inclinação natural.

Essa inclinação acrescentada, às vezes, é perfeita, outras vezes, imperfeita. De fato, quando é perfeita, produz uma inclinação para o que determina como necessário, tal como a vontade se inclina por necessidade a apetecer o fim por natureza, como ocorre nos bem-aventurados, nos quais a caridade perfeita inclina de modo suficiente para o bem, não apenas quanto ao fim último, mas também quanto a essas coisas que são relativas ao fim. Mas, outras vezes, a forma acrescentada não é sempre perfeita, como ocorre nos que vivem ainda nesta vida. E, então, pela forma acrescida, a vontade inclina-se, mas não por necessidade.

Respostas aos argumentos

E, por isso, fica clara a solução às objeções. Pois as primeiras razões provam que Deus pode mudar a vontade, mas as segundas, que ela não pode ser coagida, das quais uma e outra são verdadeiras, como fica claro pelo dito. Porém, deve-se saber que onde se diz na Glosa citada, que *Deus opera nos corações dos homens para inclinar suas vontades para o mal, não se deve entender*, como a própria Glosa diz, *que Deus outorgasse a malícia; mas que assim como confere a graça de onde a vontade dos homens se inclina até o bem, assim a retira de alguns: a qual subtraída a vontade deles se volta para o mal.*

Artigo 9

Nono, pergunta-se se alguma criatura pode mudar a vontade, ou imprimir algo nela mesma[83]

E parece que sim.

83. Outros lugares: *In II Sent.* d. 8, a. 5; *CG.* III, c. 88, e 92; *Sum. Theo.* I, q. 106, a. 2 e q. 111, a. 2; *De malo,* q. 3, a. 3 e 4; *Lect. super Ioh.,* c. 13, lect. 1; *Sum. Theo.* I-II, q. 80, a. 1.

Argumentos

1. A própria vontade é certa criatura. Ora, a vontade muda seu ato pelo que quer. Logo, parece que alguma criatura muda a vontade e a coage.

2. Além do mais, é mais difícil mudar o todo do que parte. Ora, segundo certos filósofos,[84] os corpos celestes mudam toda a multidão para querer algo. Logo, parece com maior razão que mais podem coagir a vontade de qualquer um.

3. Além do mais, qualquer um que é vencido por algo é coagido por ele. Ora, segundo o Filósofo no livro VII da *Ética*,[85] os incontinentes são vencidos pelas paixões. Logo, as paixões mudam e coagem a vontade dos incontinentes.

---

84. PTOLOMEU, *Quadripartitum*, tratado 2, cap. 8 [Venetiis, 1493, f. 44a].

85. ARISTÓTELES, *Ethica Nicomachea*, VII, c. 6, 1149b3; c. 7, 1150a9.

4. Além do mais, segundo Agostinho no livro III *Sobre a Trindade*,[86] as coisas superiores, tanto nos espíritos como nos corpos, movem as coisas inferiores por certa ordem natural. Ora, assim como o intelecto dos anjos bem-aventurados é superior e mais perfeito do que o nosso intelecto, assim, também, sua vontade é superior em relação à nossa vontade. Logo, como pelo seu intelecto podem imprimir algo em nosso intelecto, iluminando-o, segundo a doutrina de Dionísio, assim parece que por sua vontade, de algum modo, podem imprimir em nossa vontade, mudando-a.

5. Além do mais, segundo Dionísio,[87] os anjos superiores iluminam, purificam e aperfeiçoam os inferiores. Ora, assim como a iluminação pertence ao intelecto, assim a purificação parece pertencer à afecção. Logo, assim como os anjos podem imprimir algo no intelecto, assim também podem na vontade.

6. Além do mais, é mais natural para algo ser mudado por uma natureza superior do que por uma inferior. Ora, assim como o apetite sensível é inferior à nossa vontade, assim é superior a vontade angélica. Logo, como o apetite sensível muda alguma vez a vontade, com maior razão a vontade angélica poderá mudar a nossa vontade.

7. Além do mais, em Lc 14,23 o pai de família diz a seu servo: *obriga as pessoas a entrar*. Ora, entra-se naquele banquete pela vontade. Logo, pelo anjo, que é ministro de Deus, nossa vontade pode ser coagida para algo.

---

86. AGOSTINHO, *De Trinitate*, III, c. 4: PL 42, 873.

87. PSEUDO-DIONÍSIO, *De Caelo Hierarquia*, c. 8 parr. 2: PG 3, 240 C.

Ao contrário

1. É o que diz Bernardo:[88] *o livre-arbítrio é o mais poderoso abaixo de Deus*. Ora, nada é mudado a não ser pelo mais forte. Logo, nada pode mudar a vontade.

2. Além do mais, o mérito e o demérito consistem de algum modo na vontade. Logo, se alguma criatura pode mudar a vontade, alguém poderia ser justificado ou tornar-se pecador por alguma criatura, o que é falso, porque ninguém se torna pecador, a não ser por si mesmo, nem alguém se torna justo, a não ser por Deus, que opera e coopera com ele.

Respondo

Respondo, dizendo que a vontade pode ser mudada por outro de dois modos. De um modo, por seu objeto, como a vontade é mudada pelo apetecível. E, assim, não questionamos aqui acerca do que muda a vontade. Ora, foi mostrado acima que algum bem move por necessidade a vontade, ao modo de objeto, ainda que a vontade não seja coagida. De outro modo, a vontade é mudada por algo, ao modo de causa eficiente. E, assim, dizemos que não só nenhuma criatura pode coagir a vontade agindo sobre ela, porque isso nem Deus pode fazê-lo. Mas nem também pode diretamente agir na vontade, de modo que a mude necessariamente, ou a incline a qualquer coisa, o que Deus pode. Contudo, indiretamente, alguma criatura pode inclinar a vontade de algum modo, não, porém, de modo necessário. A razão disso é que, como o ato da vontade é como o meio entre a potência e o objeto, a mudança do ato da vontade pode ser considerada ou por parte da mesma vontade, ou por parte do objeto.

88. BERNARDO, *De Graria et Libero Arbitrio*, c. 10: PL 182, 1019 A-B.

De fato, por parte da vontade, não pode mudar o ato da vontade, a não ser que opere dentro da vontade. E isso é a própria vontade, e isso é a causa do ser da vontade, o que, segundo a fé, só é Deus. Por isso, só Deus que deu o ser à vontade pode mudar a inclinação da vontade, de uma para outra, segundo o que Ele quer. Mas, conforme aqueles que defendem que a alma é criada por inteligências (o que, porém, é contrário à fé), o próprio anjo ou a inteligência tem um efeito intrínseco na vontade, enquanto causa o ser que é intrínseco à própria vontade. E, de acordo com isso, Avicena[89] defende que assim como os nossos corpos são mudados pelos corpos celestes, assim, também, nossas vontades são mudadas pela vontade das almas celestes. O que, porém, é totalmente herético.

Mas se se considera o ato da vontade por parte do objeto, assim se encontra um duplo objeto da vontade. Um, a que a inclinação natural está determinada por necessidade. E esse objeto, de fato, inerente à vontade é posto pelo Criador, pois Ele lhe deu a inclinação natural para isso. Por isso, ninguém pode mudar a vontade, de modo necessário, por tal objeto, a não ser apenas Deus. Outro, porém, é o objeto da vontade, que, de fato, tem por natureza inclinar a vontade, enquanto é encontrada no objeto alguma similitude ou ordem relativa ao fim último naturalmente desejado. Contudo, por esse objeto, a vontade não é mudada por necessidade, como foi dito antes, porque não se encontra nele singularmente a ordem ao fim último naturalmente desejado. E, mediante esse objeto, alguma criatura pode inclinar até certo ponto a vontade, mas não pode mudar necessariamente, como fica claro quando alguém persuade alguém a fazer algo, propondo sua utilidade ou honestidade. Contudo, está no poder da vontade como se aceita ou não aquilo, porque a vontade não está naturalmente determinada àquilo. Portanto, assim fica claro que nenhuma criatura pode diretamente mudar a vontade,

89. AVICENA, *Metaphysica*, X, c. 1. [Ed. Venetiis, 1508, f. 108r].

agindo dentro da própria vontade. Contudo, pode extrinsecamente, propondo algo à vontade e, de algum modo, induzir, mas não necessariamente mudar.

Respostas aos argumentos

1. Respondo, portanto, dizendo que a vontade pode mudar a si mesma em relação a algumas coisas, inclusive diretamente, pois é senhora dos seus atos. E quando se diz que não é mudada diretamente pela criatura, entende-se que se trata que não pode ser mudada por outra criatura. Contudo, ela mesma não pode coagir-se, porque isso implica contradição, a saber, que algo seja coagido por si mesmo, porque o violento é aquilo no qual a força do paciente não atua, mas atua a força do agente. E, assim, a vontade não pode coagir-se, porque assim ela mesma faria algo por aquela força enquanto se coagisse, e nada faria enquanto fosse coagida, o que é impossível. Este modo o Filósofo também prova no livro V da *Ética*,[90] que nada padece o injusto por si mesmo, porque o que padece o injusto padece contra sua vontade. Contudo, se fizesse o injusto, seria segundo a sua vontade.

2. Respondo, dizendo que os corpos celestes não podem mudar a vontade por necessidade, nem de um homem nem a de muitos, mas podem mudar os próprios corpos. Contudo, a vontade, de algum modo, inclina-se pelo próprio corpo, ainda que não necessariamente, porque pode resistir, como o colérico se inclina à ira por compleição natural, porém algum colérico pode resistir por vontade a essa inclinação. No entanto, não resistem a inclinações corporais, a não ser os sábios, que são poucos em relação aos estúpidos, porque o *número dos estúpidos é infinito*, como se lê em Ecl 1,15. E, por isso, se diz que os corpos celestes

90. ARISTÓTELES, *Ethica Nicomachea*, V, c. 17, 1138a4 ss.

mudam a muitos, enquanto muitos seguem as inclinações corporais. Contudo, não mudam a estes ou àqueles, que por prudência resistem a tal inclinação.

3. Respondo, dizendo que o incontinente não se diz vencido pelas paixões como se as mesmas paixões corporais coagissem ou mudassem a vontade de modo necessário, do contrário, o incontinente não seria castigado, porque a pena não é devida ao involuntário. Contudo, o incontinente não se diz que opera involuntariamente, segundo o Filósofo no livro III da *Ética*,[91] mas se diz incontinente o que é vencido pelas paixões, enquanto cede voluntariamente a seus impulsos.

4. Respondo, dizendo que os anjos não imprimem no intelecto como fazendo algo no interior do intelecto, mas só por parte do objeto, enquanto propõem algo inteligível, pelo qual também nosso intelecto é conformado e convencido para assentir. Mas o objeto da vontade proposto pelos anjos não muda a vontade de modo necessário, como foi dito. E, por isso, não é semelhante.

5. Respondo, dizendo que aquela purificação, segundo a qual os anjos são purificados, pertence ao intelecto, pois é purificação da ignorância, como diz Dionísio no capítulo VI do livro *Sobre a Hierarquia eclesiástica*.[92] Contudo, se pertencesse ao afeto, dir-se-ia que se purificam como persuadindo.

6. Respondo, dizendo que aquilo que é inferior à vontade, como o corpo ou o apetite sensível, não muda a vontade como agindo diretamente na vontade, mas só por parte do objeto.

91. ARISTÓTELES, *Ethica Nicomachea*, III, c. 4, 1111a22 ss.

92. PSEUDO-DIONÍSIO, *Eclessiasticae Ierarchiae*, c. VI, ps. 3, parr. 6: PG 3, 537 B.

Com efeito, o objeto da vontade é o bem apreendido. Mas o bem apreendido pela razão universal não move, a não ser mediante a apreensão particular, como se diz no livro III do *Sobre a alma*,[93] porque os atos são sobre as coisas particulares. No entanto, pela própria paixão do apetite sensitivo – cuja causa pode ser, algumas vezes, a compleição do corpo, ou qualquer impressão corporal, pois o apetite sensitivo usa esse órgão –, a própria apreensão particular é impedida e, algumas vezes, completamente presa à própria apreensão do particular, ou àquilo que a razão superior dita em universal, o que não se aplica em ato a esse particular. E, assim, a vontade se move apetecendo aquele bem que lhe anuncia a apreensão particular, deixando aquele bem que lhe anuncia a razão universal. E, por esse modo, tais paixões inclinam a vontade, mas não a mudam de modo necessário, porque no poder da vontade está reprimir as paixões desse tipo, de maneira que o uso da razão não seja impedido, segundo se diz em Gn 4, 7: *sob ti estará o apetite daquele*,[94] a saber, do pecado.

7. Respondo, dizendo que aquela compulsão da qual ali se faz menção não é coação, mas eficaz persuasão, ou por modo áspero ou por modo suave.

93. ARISTÓTELES, *De Anima*, III, c. 16, 434a16.

94. Neste caso, não utilizamos a tradução da *Bíblia de Jerusalém*. Optamos por traduzir conforme o texto latino usado por Tomás, para melhor compreensão do seu argumento.

Artigo 10

Décimo, pergunta-se se a vontade e o intelecto são uma só potência[95]

E parece que sim.

95. Outros lugares: *Sum. Theo.* I, q. 80, a. 1 e q. 82, a. 3.

Argumentos

1. Com efeito, as potências se distinguem segundo os objetos. Ora, o objeto do intelecto é o verdadeiro, mas o da vontade é o bem. Logo, como o bem e o verdadeiro são o mesmo suposto e diferem pela razão, parece que o intelecto e a vontade são a mesma coisa, mas diferem apenas pela razão.

2. Além do mais, segundo o Filósofo no livro III do *Sobre a alma*, a vontade está na razão. Logo, ou é o mesmo que a razão, ou parte da razão. Ora, a razão é a mesma potência que o intelecto. Portanto, também a vontade.

3. Além do mais, as potências da alma se dividem em racional, concupiscível e irascível. Ora, a vontade se distingue do irascível e do concupiscível. Logo, está contida sob a racional.

4. Além do mais, onde se encontra o mesmo objeto, segundo a realidade e a razão, há uma só potência. Ora, o objeto da vontade e do intelecto prático é o mesmo objeto segundo a realidade e a razão, pois um e outro objeto parecem ser o bem. Logo, o intelecto prático não é outra potência do que a vontade. Ora, o intelecto especulativo não é outra potência do que o prático, porque, segundo o Filósofo no livro III do *Sobre a alma*,[96] o especulativo se faz prático por extensão. Logo, a vontade e o intelecto são absolutamente uma só potência.

5. Além do mais, assim como que para conhecer a diferença de duas coisas entre si, é necessário que seja o mesmo o que conhece ambas as coisas e considera as diferenças entre elas, assim, também, é necessário que seja o mesmo o que conhece e o que quer. Ora, para que se conheça uma diferença entre duas, como entre o branco e o doce, é necessário que seja a mesma potência que conheça ambas as coisas, pelo qual o Filósofo no livro II do *Sobre a alma*,[97] prova existir o sentido comum. Logo, pela mesma razão, é necessário que exista uma só potência que conhece e quer. E, assim, o intelecto e a vontade são uma só potência, como parece.

Ao contrário

1. É que o gênero apetitivo da alma é outro e distinto do intelectivo, segundo o Filósofo.[98] Ora, a vontade está contida sob o apetite. Logo, a vontade é uma potência distinta do intelecto.

2. Além do mais, o intelecto pode ser coagido, segundo o Filósofo no livro V da *Metafísica*.[99] Ora, a vontade não pode

96. ARISTÓTELES, *De Anima*, III, c. 9, 433a1.
97. ARISTÓTELES, *De Anima*, III, c. 3, 426b12.
98. ARISTÓTELES, *De Anima*, II, c. 5, 414a31; ibidem, III, c. 15, 433a31.
99. ARISTÓTELES, *Metaphysica*, V, c. 6, 1015b6.

coagir, como foi dito. Logo, o intelecto e a vontade não são uma só potência.

Respondo

Respondo, dizendo que a vontade e o intelecto são potências diversas, e pertencem a diversos gêneros de potências. Para a evidência disso, deve-se saber que como a distinção das potências se toma com relação aos atos e aos objetos, não é qualquer diferença dos objetos que mostra a diversidade das potências, mas a diferença dos objetos, enquanto são objetos. No entanto, não digo alguma diferença acidental que ocorre ao objeto, segundo que é objeto. Com efeito, o sensível, enquanto é sensível, ocorre ser animado ou inanimado, ainda que essas diferenças sejam essenciais para as mesmas coisas que são sentidas. E, por isso, por razão dessas diferenças, não se diversificam as potências sensitivas, mas por causa do audível e do visível e do tangível, que são diferenças sensíveis, enquanto são sensíveis, ou por ser sensível por meio ou sem um meio. E, de fato, quando as diferenças essenciais dos objetos, enquanto são objetos, são tomadas as que dividem por si algum objeto especial da alma; por isso se diversificam as potências, mas não os gêneros das potências, como o sensível nomeia não o objeto da alma absolutamente, mas algum objeto que se distingue por si pelas ditas diferenças. Por isso, a visão, a audição e o tato são diversas potências especiais pertencentes ao mesmo gênero de potências da alma, a saber, aos sentidos. Mas quando as diferenças tomadas dividem o mesmo objeto comumente tomado, então se conhecem diversos gêneros de potências, por tal diferença.

Contudo, diz-se que algo é objeto da alma, na medida em que tem alguma relação com a alma. Portanto, onde encontramos diversas razões de relação com a alma, ali encontramos por si, uma diferença dos objetos da alma, demonstrando diversos gêneros de potências da alma. No entanto, há uma dupla relação da realidade com a alma: uma, pela qual uma mesma coisa está na alma, pelo modo da alma, e não por modo da realidade; outra, pela qual a alma se compara à realidade, em sua realidade existente. E, assim, o objeto da alma é algo de modo duplo. De um modo, enquanto é capaz de estar na alma, não segundo o seu próprio ser, mas segundo o modo da alma, isto é, espiritualmente. E essa é a natureza ou razão do cognoscível, enquanto é cognoscível. De outro modo, algo é objeto da alma, na medida em que a alma se inclina ao objeto e se orienta segundo o próprio modo da realidade que existe em si mesma. E essa é a razão do apetecível, enquanto é apetecível. Por isso, o cognoscitivo e o apetitivo na alma constituem diversos gêneros de potências. Por isso, como o intelecto é compreendido sob o cognoscitivo, mas sob a vontade, o apetitivo, é necessário que a vontade e o intelecto sejam potências diversas, inclusive no gênero.

Respostas aos argumentos

1. Respondo, dizendo que a distinção das potências não se mostra pelos objetos segundo a realidade, mas segundo a razão, porque as mesmas razões dos objetos especificam as mesmas operações das potências. E, por isso, onde há uma razão diversa de objeto, ali encontramos uma potência diversa, ainda que seja a mesma realidade que caia sob uma e outra razão, como ocorre no caso do bem e do verdadeiro. E isso também fica claro nas coisas materiais, pois o ar padece pelo fogo quente, na medida em que o ar está em potência de estar quente. Contudo, enquanto o fogo é luminoso, atua sobre o ar por este ser diáfano. E não é a mesma potência no ar pela qual se diz diáfano, e pela qual se diz cálido em potência, ainda que seja o mesmo fogo que atue em uma e outra potência.

2. Respondo, dizendo que a potência pode ser considerada de dois modos: em relação ao objeto, ou em relação à essência da alma, na qual se radica. Logo, se a vontade se considera em relação ao objeto, assim pertence a outro gênero da alma do que ao intelecto. E, assim, a vontade se distingue da razão e do intelecto, como foi dito. Porém, se a vontade for considerada naquilo em que se radica, como a vontade não tem órgão corporal e nem o intelecto, então, a vontade e o intelecto se reduzem à mesma parte da alma. E, assim, às vezes, o intelecto, ou a razão, é tomado enquanto inclui em si cada um. Desse modo, diz-se que a vontade está na razão. E com isso, o racional, que inclui o intelecto e a vontade, distingue-se do irascível e do concupiscível.

3. E por isso é clara a solução ao terceiro.

4. Respondo, dizendo que o objeto do intelecto prático não é o bem, mas o verdadeiro referido à obra.

5. Respondo, dizendo que querer e conhecer não são atos da mesma natureza. E, por isso, não podem pertencer a uma só potência, como conhecer o doce e o branco. Por isso, não é semelhante.

ARTIGO 11

DÉCIMO PRIMEIRO, PERGUNTA-SE SE A VONTADE É UMA POTÊNCIA MAIS ELEVADA DO QUE O INTELECTO, OU O INVERSO[100]

E parece que o intelecto é mais nobre e mais elevado.

100. Outros lugares: *In II Sent.* d. 25, a. 2, ad 4 e III, d. 27, q. 1, a. 4; *CG.* III, c. 26; *Sum. Theo.* I, q. 82, a. 3 e a. 4, ad 1; ibid. I-II, q. 3, a. 4, ad 4; *De carit.*, a. 3, ad 12 e 13; *Sum. Theo.* II-II, q. 23, a. 6, ad 1.

Argumentos

1. Com efeito, a nobreza da alma consiste nisso que é a imagem de Deus. Ora, a alma é a imagem de Deus segundo a razão ou a inteligência. Por isso diz Agostinho no livro III do *Comentário literal ao Gênesis*:[101] *entendemos que o homem é a imagem de Deus pela qual supera os animais irracionais, mas isso é pela própria razão, ou mente, ou inteligência, ou por algum vocábulo que se lhe chame mais comodamente*. Logo, a potência excelentíssima da alma é o intelecto.

2. O mesmo dizia que assim como a imagem está no intelecto, assim também está na vontade, pois a imagem, segundo Agostinho no livro *Sobre a Trindade*,[102] é tomada segundo a memória, a inteligência e a vontade. – Mas, ao contrário, pelo fato de que a nobreza da alma é tomada por razão da imagem, é ne-

---

101. AGOSTINHO, *Super Genesim ad Litteram*, III, c. 20: PL 34, 292.

102. AGOSTINHO, *De Trinitate*, X, c. 12: PL 42, 984.

cessário que seja mais excelente aquela parte da alma onde mais propriamente se encontra a razão da imagem. Ora, se também a imagem estiver na vontade e no intelecto, mais propriamente estará no intelecto do que na vontade. Por isso, o Mestre no livro II das *Sentenças*[103] diz que a imagem está no conhecimento da verdade, a similitude na dileção do bem. Logo, assim, é necessário que o intelecto seja mais nobre do que a vontade.

3. Além do mais, como julgamos as potências pelos atos, é necessário que seja mais nobre aquela potência cujo ato seja mais nobre. Ora, entender é mais nobre do que querer. Logo, o intelecto é mais nobre do que a vontade. Prova da premissa média: como os atos são especificados pelos términos, é necessário que seja mais nobre aquele ato cujo término é mais nobre. Ora, o ato do intelecto é segundo o movimento da alma para a coisa. Logo, como a alma é mais nobre do que as coisas externas, entender será mais nobre do que querer.

4. Além do mais, em todas as coisas ordenadas, quanto mais algo dista do ínfimo, tanto mais está alto. Ora, o ínfimo nas potências da alma é o sentido. No entanto, a vontade se aproxima mais do sentido do que o intelecto. De fato, a vontade compartilha com as potências sensitivas na condição de objeto, pois como o sentido é das coisas particulares, assim também a vontade, pois queremos a saúde particular e não esse universal que é a saúde. Contudo, o intelecto é das coisas universais. Logo, o intelecto é potência mais alta do que a vontade.

5. Além do mais, o que governa é mais nobre do que o governado. Ora, o intelecto governa a vontade. Logo, é mais nobre do que a vontade.

103. PEDRO LOMBARDO, *Liber Sententiarum*, II, d. 16, c. 3.

6. Além do mais, aquilo do qual algo procede tem autoridade e grandeza sobre isso mesmo, se são diversos em essência. Ora, a inteligência vem da memória, como o filho do pai. Contudo, a vontade vem da memória e da inteligência, como o Espírito Santo vem do Pai e do Filho. Logo, a inteligência tem autoridade com relação à vontade, e é maior e mais poderosa do que ela.

7. Além do mais, quanto mais algum ato é mais simples e imaterial, tanto mais é nobre. Ora, o ato do intelecto é mais simples do que a vontade e mais imaterial, porque o intelecto abstrai da matéria, mas não a vontade. Logo, o ato do intelecto é mais nobre do que a vontade.

8. Além do mais, o intelecto na alma é comparada ao esplendor nas coisas materiais. Ora, a vontade ou o afeto é comparada ao calor, como fica claro pelo dito dos santos.[104] Ora, o esplendor é mais nobre do que o calor, pois é a qualidade mais nobre do corpo. Logo, o intelecto é mais nobre do que a vontade.

9. Além do mais, aquilo que é próprio do homem enquanto é homem, segundo o Filósofo na *Ética*,[105] é mais nobre do que o que é comum ao homem e aos outros animais. Ora, entender é próprio do homem. Ora, querer também convém aos outros animais, por isso diz o Filósofo no livro III da *Ética*[106] que do voluntário participam as crianças e os animais brutos. Logo, o intelecto é mais nobre do que a vontade.

---

104. BOAVENTURA, *Super Sententiarum*, II, d. 2, p. I, a. 2, q. 1, ag. 7.

105. ARISTÓTELES, *Ethica Nicomachea*, X, c. 12, 1178b24 ss.

106. ARISTÓTELES, *Ethica Nicomachea*, III, c. 5, 1111b8.

10. Além do mais, quanto mais algo está próximo do fim, tanto mais é nobre, pois do fim procede a razão de bondade nessas coisas que são para o fim. Ora, o intelecto parece ser mais próximo do fim do que a vontade. De fato, o homem alcança o fim antes pelo intelecto, conhecendo-o, do que pela vontade, apetecendo-o. Logo, o intelecto é mais nobre do que a vontade.

11. Além do mais, segundo Gregório no livro VI da *Moral*,[107] a vida contemplativa é de maior mérito do que a ativa. Ora, a contemplativa pertence ao intelecto, mas a ativa, à vontade. Logo, o intelecto também é mais nobre do que a vontade.

12. Além do mais, o Filósofo diz no livro X da *Ética*[108] que o intelecto é o ótimo das coisas que estão em nós. Logo, é mais nobre do que a vontade.

Ao contrário

1. Mais perfeita é a potência, mais perfeito é o hábito. Ora, o hábito que aperfeiçoa a vontade, a saber, a caridade, é mais nobre do que a fé e a ciência, que aperfeiçoam o intelecto, como fica claro com o Apóstolo em I Cor 13, 2. Logo, a vontade é mais nobre do que o intelecto.

2. Além do mais, aquele que é livre em si é mais nobre do que o que não é livre. Ora, o intelecto não é livre com relação a si, pois pode ser coagido. Contudo, a vontade é livre, porque não pode ser coagida. Logo, a vontade é mais nobre do que o intelecto.

---

107. GREGÓRIO MAGNO, *Moralia*, VI, c. 37: PL 75, 764 D.

108. ARISTÓTELES, *Ethica Nicomachea*, X, c. 11, 1177b27 ss.

3. Além do mais, a ordem das potências é segundo a ordem dos objetos. Ora, o bem, que é objeto da vontade, é mais nobre do que a verdade, que é objeto do intelecto. Logo, também a vontade é mais nobre do que o intelecto.

4. Além do mais, segundo Dionísio no capítulo I do livro *Sobre os nomes divinos*,[109] quanto mais comum é alguma das participações divinas, tanto é mais nobre. Ora, a vontade é mais comum do que o intelecto, porque certas coisas participam da vontade e não participam do intelecto, como foi dito antes. Logo, a vontade é mais nobre do que o intelecto.

5. Além do mais, quanto mais algo é próprio de Deus, tanto mais é nobre. Ora, a vontade se aproxima mais de Deus do que o intelecto, porque, como diz Hugo de São Vitor no capítulo VII do livro *Das hierarquias celestes*:[110] *entra a dileção ali onde a cognição fica fora, pois amamos mais a Deus do que o que podemos conhecer dele. Logo, a vontade é mais nobre do que o intelecto.*

Respondo

Respondo, dizendo que algo pode ser dito mais eminente tanto absolutamente quanto relativamente. Contudo, para isso que se mostra que algo é mais absoluto que outro, é necessário que sua comparação se tome por parte de suas coisas essenciais, e não pelas acidentais, porque por isso se manifestaria que um é mais eminente relativamente do que outro como, por exemplo, o homem, se comparado ao leão, quanto às diferenças essenciais, encontra-se absolutamente mais nobre do que o leão, porque o homem é um animal racional, mas o leão é irracional.

---

109. PSEUDO-DIONÍSIO, *De Divinis Nominibus*, c. V, parr. 3: PG 3, 817 A.
110. HUGO DE SÃO VÍTOR, *Caelestis Hierarchiae*, VI, c. 7: PL 175, 1038 D.

Ora, o leão é mais excelente que o homem se for comparado segundo a fortaleza corporal. Mas isso é ser mais nobre relativamente. Logo, para se considerar qual destas potências, a vontade ou o intelecto, é a mais poderosa absolutamente, deve-se considerar isso desde suas essenciais diferenças.

No entanto, a perfeição e a dignidade do intelecto consistem nisto: que as espécies das realidades entendidas estão no mesmo intelecto, pois segundo isso, entende em ato, no qual se considera toda a sua dignidade. Contudo, a nobreza da vontade e de seu ato consiste nisto: que a alma se ordena à alguma coisa nobre, segundo o ser que aquela realidade tem em si mesma. No entanto, é mais perfeito e simples, absolutamente falando, ter em si a nobreza de outra realidade que se compara à realidade nobre existente fora de si. Por isso, a vontade e o intelecto, se forem considerados absolutamente, não os comparando a esta ou àquela realidade, têm esta ordem: que o intelecto é absolutamente mais eminente do que a vontade.

Ocorre, porém, que é mais eminente comparar-se com algo mais nobre, mediante um modo especial, que ter em si mesma a nobreza desse algo, a saber, quando se tem a nobreza desse algo de um modo muito mais inferior que o grau de nobreza que algo tem em si mesmo. Ora, se a nobreza de uma coisa inerisse em outra coisa igualmente nobre, ou mais nobre do que na realidade na qual se encontra, então, sem nenhuma dúvida, será mais nobre o que terá em si a nobreza de outra coisa do que aquilo que se ordena a qualquer realidade nobre em si mesma. No entanto, o intelecto percebe as formas das coisas superiores que estão na alma de modo inferior e ao modo como estão nas mesmas realidades, pois se recebe algo no intelecto por seu modo, como se diz no livro *Sobre as causas.*[111] E, pela mesma razão, as formas dessas coisas que são inferiores à alma, como são as coisas

111. *De Causis*, comm. 8.

corporais, estão de modo mais nobre na alma do que nas próprias coisas.

Portanto, pode-se comparar o intelecto com a vontade de três modos. Primeiro, de um modo absoluto e também no universal, não com relação a esta ou àquela coisa. E, assim, o intelecto é mais eminente do que a vontade, como ter isso que é a dignidade em alguma coisa é mais perfeito do que comparar-se à sua nobreza. Segundo, com relação às coisas materiais sensíveis. E, assim, de novo, o intelecto é absolutamente mais nobre do que a vontade como, por exemplo, entender a pedra do que querer a pedra, porque a forma da pedra está de modo mais nobre em nosso intelecto, segundo que se entende pelo intelecto, do que em si mesma, segundo o que é desejada pela vontade. Terceiro, com relação às coisas divinas, que são superiores às alma. E, assim, querer é mais eminente do que entender, como querer ou amar a Deus do que conhecer, a saber, porque a mesma bondade divina está de modo mais perfeito no próprio Deus, enquanto que é desejada pela vontade, do que está participada em nós, enquanto que é conhecida pelo intelecto.

Respostas aos argumentos

1. Respondo, portanto, dizendo que Agostinho toma a razão e a inteligência por toda a parte intelectiva, que compreende em si tanto a apreensão do intelecto como o apetite da vontade. E, assim, a vontade não se exclui da imagem.

2. Respondo, dizendo que o Mestre apropria a imagem à razão, por isso que é anterior. Contudo, apropria a similitude ao amor, porque na comparação a Deus, o conhecimento se completa por amor, como a imagem se aperfeiçoa e se embeleza pelas coisas e outras coisas semelhantes, pelas quais se faz símile ao exemplar.

3. Respondo, dizendo que aquela razão procede quanto àquelas coisas com relação as quais a alma é mais nobre, mas essa mesma razão pode provar a preeminência da vontade na comparação com as coisas mais nobres do que a alma.

4. Respondo, dizendo que a vontade não compartilha o objeto com os sentidos, a não ser na medida em que se dirige às coisas sensíveis, que são inferiores à alma. De fato, na medida em que se dirige às coisas inteligíveis e divinas, distancia-se mais dos sensíveis do que do intelecto, pois o intelecto pode tomar das divinas menos do que o afeto apetece e ama.

5. Respondo, dizendo que o intelecto governa a vontade não como inclinando-a para isso que ela tende, mas como mostrando-lhe para o que deve tender. Logo, quando o intelecto só pode mostrar algo nobre menos do que a inclinação da vontade se dirija para isso, a vontade é mais poderosa do que o intelecto.

6. Respondo, dizendo que a vontade não procede diretamente da inteligência, mas da essência da alma, pressuposta a inteligência. Daí que disso não se mostra a ordem da dignidade, mas só a ordem de origem, pela qual o intelecto é naturalmente anterior à vontade.

7. Respondo, dizendo que o intelecto não abstrai da matéria, exceto quando entende as coisas sensíveis e materiais. Mas, quando entende as coisas que estão acima do intelecto, não abstrai, senão que recebe menos absolutamente essas coisas do que são em si mesmas. Por isso, permanece o ato da vontade que se dirige para as mesmas coisas, enquanto que são em si mesmas mais absolutas e mais nobres.

8. Respondo, dizendo que aquelas locuções, segundo as quais o intelecto se compara ao esplendor e o afeto, ao calor, são metafóricas. E por tais locuções, como diz o Mestre no livro III das *Sentenças*,[112] não se deve conduzir a argumentação. Também Dionísio diz na *Epístola a Tito*[113] que a teologia simbólica não é argumentativa.

9. Respondo, dizendo que assim como entender é só próprio do homem, assim também o querer, ainda que apetecer seja comum de outros além do homem.

10. Respondo, dizendo que, ainda que a alma se compare a Deus antes pelo intelecto do que pelo ato, porém, mais perfeitamente atinge a Deus o afeto do que o intelecto, como foi dito no corpo do artigo.

11. Respondo, dizendo que da contemplação não se exclui a vontade. Por isso, diz Gregório no livro *Sobre Ezequiel*,[114] que a vida contemplativa é amar a Deus e ao próximo. Assim, a eminência da vida contemplativa com relação à ativa não prejudica a vontade.

12. Respondo, dizendo que o Filósofo fala do intelecto segundo que se toma por parte intelectiva, que compreende em si a vontade. Ou se pode dizer que considera o intelecto e as outras potências da alma absolutamente, não segundo que se compara a este ou àquele objeto.

112. PEDRO LOMBARDO, *Liber Sententiarum*, III, d. 11, c. 2.

113. PSEUDO-DIONÍSIO, *Epistola ad Titum*, parr. 1: PG 3, 1105 D.

114. GREGÓRIO MAGNO, *Super Exequielem*, II, 2: PL 76, 953 A.

Resposta ao contrário

1. Respondo, porém, à objeção contrária, dizendo que a caridade é o hábito que aperfeiçoa a vontade em ordem a Deus. E em tal ordem a vontade é mais nobre do que o intelecto.

2. Respondo, dizendo que a liberdade da vontade não manifesta que ela é mais nobre absolutamente, mas que é mais nobre no mover, o que ficará mais claro pelos argumentos seguintes.

3. Respondo, dizendo que, como o verdadeiro é certo bem, pois é o bem do intelecto, como fica claro no livro VI da *Ética*,[115] não se deve dizer que o bem é mais nobre do que a verdade, como tampouco que o animal é mais nobre do que o homem, pois o homem inclui em si a nobreza do animal, e ainda mais. Com efeito, fala-se do verdadeiro e do bem, enquanto são objetos da vontade e do intelecto.

4. Respondo, dizendo que o querer não se encontra em mais realidades do que o inteligir, ainda que apetecer se encontre em mais. Deve-se saber, porém, que nesse argumento não se introduz a autoridade de Dionísio, segundo sua intenção, por dois motivos. Primeiro, porque Dionísio fala de quanto uma participação se inclui na razão de outra, como ser no viver e o viver no entender, pois uma é mais absoluta do que a outra. Segundo, porque, ainda que a participação que é mais absoluta seja mais nobre, porém, se se toma aquele modo pelo qual se encontra nas realidades carentes de participações acrescentadas, será menos nobre; como, por exemplo, o ser que é mais nobre do que o viver, se se toma daquele modo pelo qual os seres animados

115. ARISTÓTELES, *Ethica Nicomachea*, VI, c. 6, 1139a27 ss.

existem, aquele modo de ser será menos nobre do que o ser dos viventes, que é viver. E, assim, não é necessário que isso que está em muitos seja sempre mais nobre, pois, do contrário, seria necessário dizer que o sentido é mais nobre do que o intelecto, e a potência nutritiva, do que a sensitiva.

5. Respondo, dizendo que aquele argumento procede da vontade em relação a Deus. E, assim, se concede que é mais nobre.

Artigo 12

Décimo segundo, pergunta-se se a vontade move o intelecto e outras potências da alma[116]

E parece que não.

116. Outros lugares: *CG.* III, c. 26; *Sum. Theo.* I, q. 82, a. 4; *De malo*, q. 6; *Sum. Theo.* I-II, q. 9, a. 1.

Argumentos

1. Com efeito, o que move é naturalmente anterior ao movido. Ora, a vontade é posterior ao intelecto, pois nada se ama ou deseja, a não ser que seja conhecido, segundo Agostinho no livro *Sobre a Trindade*.[117] Logo, a vontade não move o intelecto.

2. Além do mais, se a vontade move o intelecto a seu ato, então se segue que o intelecto entende porque a vontade quer que ele mesmo entenda. Ora, a vontade não quer algo, a não ser o que é inteligido. Portanto, o intelecto conheceu seu próprio entender antes de que a vontade quisesse aquilo. Ora, antes de que o intelecto entenda isso, é necessário que a vontade quisesse aquilo, porque se põe que o intelecto é movido pela vontade. Logo, seria necessário proceder ao infinito ou dizer que a vontade não move o intelecto.

117. AGOSTINHO, *De Trinitate*, X, c. 1: PL 42, 971.

3. Além do mais, a potência passiva se move por seu objeto. Ora, a vontade é potência passiva, pois é apetite que move e é movido, como se diz no livro III do *Sobre a alma.*[118] Logo, é movido por seu objeto. Ora, seu objeto é o bem entendido ou apreendido, como se diz no livro III do *Sobre a alma.*[119] Logo, o intelecto, ou outra potência apreensiva, move a vontade e não o inverso.

4. Além do mais, que se diga que uma potência move a outra isso não é senão por causa do império que tem uma sobre a outra. Ora, imperar é da razão, como se diz no livro I da *Ética.*[120] Logo, é próprio dela e não da vontade mover as outras potências.

5. Além do mais, segundo Agostinho, no livro XII do *Comentário literal do Gênesis,*[121] o que move e o agente são mais nobres do que o movido e o feito. Ora, o intelecto, ao menos com relação aos sensíveis, é mais nobre do que a vontade, como foi dito. Logo, ao menos com relação a esses, não é movido pela vontade.

Ao contrário

1. É o que Anselmo diz no capítulo II do livro *Sobre as Similitudes,*[122] que a vontade move todas as potências da alma.

---

118. ARISTÓTELES, *De Anima,* III, c. 15, 433b16.

119. ARISTÓTELES, *De Anima,* III, c. 15, 433b11.

120. ARISTÓTELES, *Ethica Nicomachea,* I, c. 20, 1102b30.

121. AGOSTINHO, *Super Genesim ad Litteram,* XII, c. 16: PL 34, 467.

122. Esta obra, na época de Tomás, fora atribuída primeiro a Anselmo de Cantuária, depois a Eadmero de Cantuária, mas estudos recentes suspeitam que o autor seja Roberto de Braci [SCHÖNBERGER, R.; SÁNCHEZ, A. Q.; BERGES, B.; JIANG, L. (Hg.), *Repertorium edierter Texte des Mittelalters aus dem Bereich der Philosophie und angrenzender Gebiete.* Bd. 1: A–D; Bd. 2: E–L; Bd. 3: M–Z; Verzeichnisse, Berlim: Akademie Verlag, 2011, p. 272]. Não reportaremos o autor, mas a referência do texto na edição que pesquisamos. Cfr. *De similitudinibus,* c. 2: PL 159, 605 C.

2. Além do mais, segundo Agostinho, no livro VIII do *Comentário literal ao Gênesis*,[123] todo movimento procede do imóvel. Ora, entre as potências da alma, só a vontade é a que é imóvel nisso que não pode ser coagida por nada. Logo, todas as outras potências são movidas pela vontade.

3. Além do mais, segundo o Filósofo no livro II da *Meteorologia*,[124] todo movimento é por causa do fim. Ora, o bem e o fim são objetos da vontade. Logo, a vontade move as outras potências.

4. Além do mais, segundo Agostinho,[125] o amor produz nos espíritos o que o peso produz nos corpos. Ora, o peso move os corpos. Logo, o amor da vontade move as potências espirituais da alma.

Respondo

Respondo, dizendo que o intelecto, de algum modo, move a vontade e, de outro modo, a vontade move o intelecto e as outras potências. Para a evidência disso, deve-se saber que se diz que movem tanto o fim como a eficiência, mas de modo diverso, pois, como em qualquer ação, consideram-se duas coisas, a saber, o agente e a razão de agir, como na calefação, por exemplo, o fogo é o agente e o calor a razão do agir.

Quando em movimento, diz-se que o fim move como causa do mover. Contudo, a causa eficiente causa o movimento como agente do movimento, isso é, conduzindo o móvel da potência

123. AGOSTINHO, *Super Genesim ad Litteram*, VIII, c. 21: PL 34, 388 ss.

124. Referência encontrada na seguinto obra: ARISTÓTELES, *Metaphysica*, II, c. 4, 994b13.

125. AGOSTINHO, *De Civitate Dei*, XI, c. 28: PL 41, 342; *Confesiones*, XIII, c. 9: PL 32, 849; *Epistola* 55, c. 10: PL 33, 212; *Epistola* 157, c. 2: PL 33, 677.

ao ato. Ora, a causa do agir é a forma do agente, pela qual o agente age. Por isso, é necessário que a forma exista no agente para que ele aja. Não existe nele, porém, segundo o ser perfeito da natureza, porque se tiver esse ser, repousa o movimento. Existe, então, no agente por modo de intenção, pois o fim é anterior na intenção, mas posterior no ser. E, por isso, o fim, propriamente, existe antes no movente segundo o intelecto, cuja propriedade é receber algo por modo de intenção, e não segundo o ser da natureza. Por isso, o intelecto move a vontade tal como foi dito que o fim move, ou seja, enquanto concebe antes a razão de fim e a propõe à vontade.

Entretanto, mover por modo da causa agente é próprio da vontade e não do intelecto. Por isso, a vontade é comparada às realidades, desde o ponto de vista de que elas existem em si mesmas. Ora, o intelecto é comparado às realidades, desde outra perspectiva, a de que estão na alma por modo espiritual. Contudo, agir e mover-se convêm às coisas segundo o ser próprio, pelo qual subsistem em si mesmas e não na medida em que estão na alma, por modo de intenção, pois o calor que está na alma não aquece a alma, mas aquece o que está no fogo. E, assim, a comparação da vontade com as realidades é conforme o movimento que lhes compete. Contudo, não é assim quanto à comparação do intelecto com as realidades. E, ademais, o ato da vontade é certa inclinação para algo, não, porém, o ato do intelecto. Ora, a inclinação é a disposição do que move na medida em que move por modo da causa eficiente. Por isso, fica claro que a vontade tem a capacidade de mover por modo de causa agente, e não o intelecto.

Ora, às potências superiores da alma, por serem imateriais, compete-lhes que reflitam sobre si mesmas. Por isso, tanto a vontade como o intelecto refletem sobre si mesmos, um sobre o outro, sobre a essência da alma, e sobre todas as suas potências. Com efeito, o intelecto conhece a si mesmo, a vontade, a essência da alma, e todas as potências da alma. E, de modo semelhante, a vontade quer querer-se, e o intelecto entender-se, quer a essência da alma, e assim com as outras coisas. Contudo, como alguma potência versa sobre outra, compara-se a ela segundo sua propriedade, tal como o intelecto quando entende que a vontade quer, toma em si a razão de querer. Por isso, também, a própria vontade, quando versa sobre as potências da alma, versa sobre elas como sobre as realidades as quais lhes convêm o movimento e a operação, e inclina a cada uma a sua própria operação. E, assim, a vontade move por modo de causa agente, não só as coisas exteriores, mas também as próprias potências da alma.

Respostas aos argumentos

1. Respondo, portanto, dizendo que, tal como na reflexão há certa similitude com o movimento circular, no qual o último do movimento é o que era o primeiro princípio, é necessário assim dizer que, na reflexão, aquilo que a princípio era primeiro em um segundo momento se torna posterior. E, por isso, ainda que o intelecto seja anterior à vontade absolutamente, porém, por reflexão, torna-se posterior à vontade. E, assim, a vontade pode mover o intelecto.

2. Respondo, dizendo que não existe proceder ao infinito, pois está estabelecido no apetite natural que o intelecto seja inclinado a seu ato.

3. Respondo, dizendo que aquele argumento mostra que o intelecto move por modo de fim, pois desse modo se refere o bem apreendido à vontade.

4. Respondo, dizendo que o império é da vontade e da razão quanto a coisas diversas. De fato, da vontade sob a perspectiva de que o império implica certa inclinação. Contudo, o império é da razão, na medida em que essa inclinação seja distribuída e ordenada, para que seja seguida por isto ou por aquilo.

5. Respondo, dizendo que qualquer potência prevalece sobre outra nisso que lhe é própria, como o tato, se for comparado com o calor que sente por si, do que com a visão que sente o mesmo por acidente. E, de modo semelhante, o intelecto se compara de modo mais completo à verdade do que com a vontade. E a vontade se compara ao bem que está nas realidades de modo mais perfeito do que o intelecto. Por isso, ainda que o intelecto seja absolutamente mais nobre do que a vontade, ao menos com relação às coisas, porém, segundo a razão de mover, que compete à vontade por razão própria do objeto, a vontade se encontra mais nobre.

ARTIGO 13

DÉCIMO TERCEIRO, PERGUNTA-SE SE A INTENÇÃO É ATO DA VONTADE[126]

E parece que não.

126. Outros lugares: *In II Sent.* d. 38, a. 3; *Sum. Theo.* I-II, q. 12, a. 1.

Argumentos

1. Sobre o que se lê em Lc 11,34: *a lâmpada do corpo é o teu olho*, diz a Glosa, *isto é, a intenção*. Ora, o olho na alma é a razão ou o intelecto. Logo, a intenção pertence à razão ou ao intelecto, e não à vontade.

2. Mas pode-se dizer que é da vontade em relação à razão e, portanto, é comparado ao olho. – Mas, ao contrário, o ato da potência superior e anterior depende do ato posterior. Ora, a vontade é anterior ao intelecto ao agir, porque a vontade move o intelecto, como foi dito no artigo precedente. Portanto, o ato da vontade não depende da razão. Logo, se a intenção fosse ato da vontade, de nenhum modo pertenceria à razão.

3. Mas se pode dizer que, segundo isso, o ato da vontade depende da razão porque para querer se requer o conhecimento do querido. E, assim, a intenção, ainda que seja ato da vontade, é de algum modo da razão. – Mas, ao contrário, não há nenhum ato da vontade que não exija antes o conhecimento. Portanto, segundo isso, nenhum ato deveria ser atribuído absolutamente à vontade, nem querer, nem amar, mas à vontade e à razão simultaneamente, o que é falso. Logo, também o primeiro, a saber, que a intenção é ato da vontade.

4. Além do mais, o próprio nome de intenção implica relação com o fim. Ora, referir-se algo ao fim pertence à razão. Logo, a intenção é da razão.

5. Mas pode-se dizer que na intenção não só há relação com o fim, mas o ato da vontade que se refere ao fim. E um e outro são significados pelo nome de intenção. – Mas, ao contrário, aqueles atos de relação com o fim subjazem como o material ao formal. Ora, algo se denomina mais pelo formal do que pelo material. Logo, a intenção se denomina mais por isso que é da razão do que por isso que é da vontade. E, assim, se deve pôr mais como ato da razão do que com o da vontade.

6. Além do mais, como o primeiro motor dirige toda a natureza, assim a razão dirige a vontade. Ora, a intenção nas coisas naturais se atribui mais propriamente ao primeiro motor do que às próprias realidades naturais, pois não se diz que as coisas naturais tentam algo senão segundo que são dirigidas pelo primeiro motor. Logo, também, nas potências da alma deve-se atribuir a intenção mais à razão do que à vontade.

7. Além do mais, a intenção, propriamente falando, não é senão do que conhece. Ora, a vontade não é do que conhece. Logo, a intenção não é da vontade.

8. Além do mais, não pode haver um único ato entre aquelas coisas que de nenhum modo são una. Ora, a vontade e a razão de nenhum modo são una, pois pertencem a diversos gêneros de potências da alma, pois a vontade está no apetitivo, mas a razão no intelectivo. Logo, a razão e a vontade não podem ter um só ato. E, assim, se a intenção é, de algum modo, ato da razão, não será ato da vontade.

9. Além do mais, a vontade, segundo o Filósofo no livro III da *Ética*,[127] é só do fim. Ora, o fim é só apenas uno em uma ordem. Portanto, a vontade, segundo seu ato, é comparada apenas ao uno. Ora, onde há só um, ali não há ordem. Logo, como a intenção implica ordem, parece que de nenhum modo é da vontade.

10. Além do mais, a intenção não parece ser outra coisa do que a direção da vontade até o fim último. Ora, dirigir a vontade é próprio da razão. Logo, a intenção pertence à razão.

11. Além do mais, como na perversidade do pecado o erro é da razão, o desprezo do irascível, a desordem da vontade ao concupiscível, assim, pelo contrário, na restauração da alma, a fé é da razão, a esperança do irascível, a caridade do concupiscível. Ora, a fé, segundo Agostinho,[128] é o que dirige a intenção. Logo a intenção é da razão.

12. Além do mais, segundo o Filósofo no livro III da *Ética*,[129] a vontade é das coisas possíveis e das impossíveis, mas a intenção é só das possíveis. Logo, a intenção não é da vontade.

13. Além do mais, o que não está na alma, não está na vontade. Ora, a intenção não está na alma, porque não é potên-

---

127. ARISTÓTELES, *Ethica Nicomachea*, III, c. 5, 1111b26.

128. AGOSTINHO, *Enarrationes in Psalmos*, XXXI, n. 4: PL 36, 259.

129. ARISTÓTELES, *Ethica Nicomachea*, III, c. 5, 1111b20.

cia, pois assim seria natural, e nela não consistiria o mérito. Mas também não é hábito, porque assim estaria no que dorme, e nem mesmo é uma paixão, pois assim seria parte sensitiva, como fica claro pelo Filósofo no livro VII da *Física*.[130] Contudo, só esses três estão na alma, como se diz no livro II da *Ética*.[131] Logo, a intenção não está na vontade.

14. Além do mais, ordenar é próprio da razão, pois pertence ao sábio, como se diz no livro I da *Metafísica*.[132] Ora, a intenção é certa ordenação ao fim. Logo, é da razão.

15. Além do mais, a intenção é distante do fim, pois essa pressuposição "in"[133] implica distância.[134] Ora, a razão mais dista do fim do que a vontade, porque a razão só demonstra o fim, mas a vontade adere ao fim como a seu próprio objeto. Logo, intender[135] é mais da razão do que da vontade.

---

130. ARISTÓTELES, *Physica*, VII, c. 6, 248b27.

131. ARISTÓTELES, *Ethica Nicomachea*, II, c. 5, 1105b20.

132. ARISTÓTELES, *Metaphysica*, I, c. 2, 982a17.

133. Do termo latino in*tentio*, traduzido por intenção.

134. Cfr. HUGUCIO, *Liber Derivationum*, s. V (ms. Paris B. N. Lat., 7625 A, f. 82 rb).

135. Do paradigma do verbo latino: *intendo, is, i, itum, e sum, dere – intendere*, origina-se o substantivo feminino latino intentio – intenção. O termo latino intendere, aliás muito rico semanticamente, deu origem no vernáculo, por seguir o padrão ortográfico e etimológico da sua matriz latina, o verbo intendere, que guardou os mesmos significados: "estender", "dirigir", "tornar atento", "ter intenção de", "projetar", "conduzir-se", "dirigir-se", "propor-se", "tem em vista", "estar atento" etc. Em Tomás considera-se, especialmente, o sentido de "ter intenção de", por sua estreita relação com o termo "intenção". Diferentes dicionários demonstram seus significados e relação com o termo intenção: Ver: HOUAISS, A.; VILLAR, M. S. *Dicionário Houaiss da Língua Portuguesa*. 1. ed. Rio de Janeiro: Objetiva, 2001, p. 1.631; DOS SANTOS SARAIVA, F. R. *Novíssimo Dicionário Latino-Português*. 11. ed. Rio de Janeiro: Livraria Garnier, 2000, p. 622-3; DEFERRARI, R. J. *A Lexicon of St. Thomas Aquinas*. Washington, D.C.: Catholic University of America Press, 1948, p. 583-4.

16. Além do mais, todo ato da vontade ou é dela absolutamente, ou por comparação com as potências superiores, ou por comparação com as inferiores. Ora, intender não é ato absolutamente da vontade, porque, assim, o mesmo seria o querer ou amar. Não é seu ato em relação ao superior, isto é, a razão, pois, assim, seu ato seria eleger. Não é seu ato em relação aos inferiores, porque, assim, seu ato seria imperar. Logo, intender, de nenhum modo, é ato da vontade.

Ao contrário

1. A intenção é só sobre o fim. Ora, o fim e o bem são objetos da vontade. Logo, a intenção pertence à vontade.

2. Além do mais, intender é certo prosseguir. Ora, a prossecução ou a fuga pertencem à vontade, não à razão, que só diz que algo deve ser perseguido ou evitado. Logo, a intenção é própria da vontade.

3. Além do mais, todo mérito consiste na vontade. Ora, a intenção é meritória, e principalmente por razão dela se toma o mérito ou o demérito. Logo, a intenção é da vontade.

4. Além do mais, Ambrósio[136] diz: *o afeto impõe o nome a tua obra*. Ora, o ato se julga como bom ou mal pela intenção. Logo, a intenção parece que está contida no afeto. E, assim, parece que a intenção é própria da vontade e não da razão.

Respondo

Respondo, dizendo que a intenção é ato da vontade. O que, de fato, aparece manifestamente por seu objeto. Com efeito, é

136. AMBRÓSIO DE MILÃO, *De Officiis*, I, c. 30: PL 16, 71 B.

necessário que a potência e o ato convenham com o objeto, porque a potência não se ordena ao objeto, a não ser pelo ato. Ora, é necessário que a potência visiva e a visão tenham o mesmo objeto, a saber, a cor. Logo, como o objeto desse ato que é a intenção é o bem, que é o fim, que também é objeto da vontade, também é necessário que a intenção seja um ato da vontade. Contudo, não é ato da vontade absolutamente, mas em relação à razão.

Para a evidência disso, deve-se saber que qualquer caso em que haja dois agentes ordenados, o agente pode mover ou agir de dois modos: de um modo, quanto ao que compete à sua natureza; de outro modo, quanto ao que compete à natureza do agente superior. De fato, a impressão do agente superior pertence ao inferior. E, por isso, o agente inferior não só age por ação própria, mas também pela ação do agente superior como, por exemplo, a esfera do Sol se move pelo próprio movimento, que se executa no espaço de um ano, e pelo movimento do primeiro móvel, que é o movimento diurno. E, de modo semelhante, a água se move por movimento próprio, tendendo ao centro, e tem certo movimento por impressão da Lua, que a move, como fica claro no fluxo e refluxo do mar. Do mesmo modo, os corpos mistos têm certas operações próprias, que seguem à natureza dos quatro elementos, como tender para baixo, esquentar, esfriar e, inclusive, têm outras operações pela impressão dos corpos celestes, como a do ímã atrair o ferro. E, ainda que nenhuma ação do agente inferior se realize, se não for pressuposta a ação do superior, mesmo assim, aquela ação, que lhe compete segundo sua natureza, é-lhe atribuída absolutamente como, por exemplo, a da água que se move para baixo para o centro. Contudo, aquela ação que lhe compete por impressão do agente superior não se lhe atribui absolutamente, mas em relação a alguma coisa como, por exemplo, o fluxo e o refluxo das marés se dizem que são o movimento próprio do mar, não enquanto é água, mas enquanto o mar é movido pela Lua.

Contudo, a razão e a vontade são certas potências operativas ordenadas entre si. E considerando absolutamente, a razão é anterior, ainda que por reflexão a vontade se torne anterior e superior, enquanto move a razão. Por isso, a vontade pode ter dupla ação. Uma, que lhe compete segundo sua própria natureza, enquanto tende ao próprio objeto absolutamente. E esse ato é atribuído à vontade absolutamente, como querer ou amar, ainda que para esse ato pressuponha o ato da razão. Há, todavia, outro ato que lhe compete quanto a isso que resta na vontade pela impressão da razão. Com efeito, como é próprio da razão ordenar e comparar, sempre que no ato da vontade aparece alguma comparação ou ordenação, tal ato será da vontade não absolutamente, mas relativo à razão. E, desse modo, intender é ato da vontade, pois intender não parece ser outra coisa do que a razão pela qual alguém quer algo, que tenda a algo como ao fim. E, assim, intender nisso difere de querer, que querer tende ao fim absolutamente, mas intender refere-se ao fim, na medida em que é ao fim que se ordenam essas coisas que são meios para o fim. Com efeito, como a vontade se move para seu objeto, que lhe foi proposto pela razão, move-se de diversos modos, de acordo com o modo como lhe foi proposto de diversos modos. Por isso, como a razão lhe propõe algo como um bem absolutamente, a vontade se move para aquilo absolutamente. E isso é querer. Contudo, quando propõe algo sob razão de bem, ao qual as outras coisas se ordenam como ao fim, então, tende àquilo com certa ordem, que se encontra no ato da vontade, não segundo a própria natureza, mas segundo a exigência da razão. E, assim, intender é ato próprio da vontade relativo à razão.

Respostas aos argumentos

1. Respondo, portanto, dizendo que a intenção se assemelha ao olho, quanto a isso que se encontra na intenção da propriedade da razão.

2. Respondo, dizendo que a razão move, de certo modo, a vontade; e a vontade, de algum modo, a razão, como fica claro pelo dito. E, assim, uma e outra podem ser anterior a outra por diversos modos e coisas, e a cada uma pode ser atribuído um ato em relação à outra.

3. Respondo, dizendo que, ainda que qualquer ato da vontade pressuponha o conhecimento da razão, porém, nem sempre aparece no ato da vontade isso que é próprio da razão, como fica claro pelo dito no corpo do artigo. Por isso, o argumento não procede.

4. Respondo, dizendo que a relação ativa ao fim é da razão, pois é próprio dela se referir ao fim. Contudo, a relação passiva pode ser de qualquer uma, ou da razão ou da vontade, diretiva ou relativa ao fim pela razão. E, assim, também pode ser da vontade. E esse modo de relação ao fim pertence à intenção.

5. E por isso fica clara a solução ao quinto.

6. Respondo, dizendo que no primeiro motor não só se encontra o conhecimento, mas a vontade. E, por isso, propriamente lhe pode ser atribuída a intenção. Mas à razão não pertence senão o conhecimento. Por isso, não é semelhante.

7. Respondo, dizendo que intender não é de quem conhece, pois as coisas naturais intendem ao fim, ainda que a intenção pressuponha algum conhecimento. Contudo, se falarmos da intenção animal, não é senão do que conhece, como também não é de quem quer. Não é necessário, porém, que intender e querer sejam da mesma potência da qual é o conhecer, mas do mesmo suposto. Por isso não se diz, propriamente, que conhecer ou intender sejam alguma potência, mas o suposto por meio da potência.

8. Respondo, dizendo que a razão e a vontade são uma só coisa por ordem, como se diz que o universo é uno. E, assim, nada proíbe que um ato seja de um a outro, de um, de fato, imediatamente, mas de outro, mediatamente.

9. Respondo, dizendo que, ainda que a vontade seja principalmente relativa ao fim, motivo pelo qual essas coisas que são relativas ao fim não são desejadas senão por causa do fim, contudo, a vontade também é relativa àquelas coisas que são meios para o fim. Com efeito, o que diz o Filósofo no livro III da *Ética*,[137] que a vontade é do fim, a eleição dessas coisas que são relativas ao fim, não por isso se diz que a vontade sempre seja do fim, mas às vezes, e principalmente. Por isso, a eleição nunca é do fim, o que fica manifesto pelo fato de que não é o mesmo eleger e querer.

10. Respondo, dizendo que a direção ativa até o fim pertence à razão, mas a passiva pode pertencer à vontade. E, assim, pertence à intenção.

11. Respondo, dizendo que a fé dirige a intenção, como a razão a vontade. Por isso, como a fé é da razão, assim, a intenção é da vontade.

12. Respondo, dizendo que a vontade não é sempre sobre o impossível, mas às vezes; e isso é suficiente segundo o que pretende o Filósofo para mostrar a diferença entre a vontade e a eleição, que é sempre do possível, a saber, de modo que eleger não seja o mesmo que querer. E, de modo semelhante, nem in-

137. ARISTÓTELES, *Ethica Nicomachea*, III, c. 4, 1111b26.

tender é totalmente o mesmo que querer, mas isso não impede que seja ato da vontade.

13. Respondo, dizendo que a intenção é certo ato da alma. Contudo, naquela divisão tripartida do Filósofo, não estão contidas as ações da alma, porque as ações não são da alma, por existirem nela, mas por procederem dela. Ou se pode dizer que as ações estão compreendidas sob os hábitos, como o principado está contido em seu princípio.

14. Respondo, dizendo que ordenar é próprio da razão, mas ordenar também pode ser da vontade. E, assim, a intenção implica ordenação.

15. Respondo, dizendo que aquele argumento procederia se não se requeresse outro para a intenção, a não ser só a distância. Contudo, requer-se a inclinação, que compete à vontade, e não à razão. Por isso, o argumento não procede.

16. Respondo, dizendo que a intenção é ato da vontade em relação à razão, que ordena essas coisas que são meios relativos para o fim, para o mesmo fim. Mas a eleição é ato da vontade em relação à razão que compara entre si as coisas que são meios para o fim. E por causa disso, a intenção e eleição diferem.

Artigo 14

Décimo quarto, pergunta-se se a vontade quer o fim com o mesmo movimento com que tende para as coisas que são meios para o fim[138]

E parece que não.

138. Outros lugares: *In II Sent.* d. 38, a. 4; *Sum. Theo.* I-II, q. 8, a. 3 e q. 12, a. 4.

Argumentos

1. Com efeito, é impossível que o mesmo ato seja simultaneamente bem e mal. Ora, ocorre que a vontade seja má com uma intenção boa, como quando alguém quer furtar para dar esmola. Logo, não é o mesmo o ato da intenção e o da vontade.

2. Além do mais, segundo o Filósofo no livro X da *Ética*,[139] o movimento que termina no meio e o que termina no extremo diferem pela espécie. Ora, isso que é para o fim, e o fim, referem-se, de certo modo, ao que é meio e ao que é extremo. Logo, a intenção do fim e sua vontade que é para o fim diferem em espécie. E, assim, não são somente um ato.

3. Além do mais, segundo o Filósofo no livro VII da *Ética*,[140] os fins nas coisas práticas são como os princípios nas ciências

139. ARISTÓTELES, *Ethica Nicomachea*, X, c. 5, 1174a19 ss.

140. ARISTÓTELES, *Ethica Nicomachea*, VI, c. 10, 1144a31; ibidem, VII, c. 8, 1151a16.

demonstrativas. Ora, não é o mesmo o ato do intelecto especulativo, pelo qual se entendem os princípios, e o ato pelo qual se consideram as conclusões. O que fica claro, pois procedem de hábitos distintos; o intelecto é o hábito dos primeiros princípios, mas a ciência é hábito das conclusões. Logo, nas coisas operáveis não é o mesmo o ato da vontade, pelo qual intendemos para o fim e o ato pelo qual queremos essas coisas que são meios para o fim.

4. Além do mais, o ato se distingue pelos objetos. Ora, o fim e os meios que são para o fim são objetos distintos. Logo, não são os mesmos atos: a intenção do fim e a vontade para essas coisas que são meios para o fim.

Ao contrário

1. Dois atos de uma mesma potência não podem ser simultâneos. Ora, a vontade simultaneamente enquanto quer essas coisas que são meios para o fim, intenta o fim. Logo, a intenção de fim e sua vontade para essas coisas que são meios para o fim não são atos diversos.

2. Além do mais, assim como a luz é a razão da visibilidade da cor, assim, também, o fim é a razão da apetibilidade para essas coisas que são meios para o fim. Ora, com o mesmo ato, a visão vê a cor e a luz. Logo, com o mesmo ato, a vontade quer essas coisas que são meios para o fim e intenta o fim. Logo, a intenção de fim e a vontade não são atos diversos.

Respondo

Respondo, dizendo que acerca dessa questão há dupla opinião, como diz o Mestre no livro II das *Sentenças*.[141] Com efeito,

141. PEDRO LOMBARDO, *Liber Sententiarum*, II, d. 38, c. 4.

alguns disseram que um ato é a vontade dessas coisas que são meios para o fim, e outro é o ato da intenção do fim. Outros, porém, disseram o contrário, que há um único ato, mas que sua distinção é apenas por causa da variedade das coisas. Contudo, uma e outra opinião são verdadeiras, relativamente.

Para a evidência disso, deve-se saber que a unidade do ato deve ser pensada da unidade do objeto. Se houver duas coisas que, de algum modo, forem uma, o ato que se dirige para essas coisas, na medida em que forem só uma, será só um. Contudo, o ato que se dirige para essas coisas, na medida em que são duas, serão dois atos, como, de certo modo, as partes da linha são duas e, de certo modo, uma, a saber, enquanto que se unem no todo. E, por isso, se o ato da visão dirigir-se para as duas partes da linha, na medida em que são duas, isto é, para ambas, consideradas em si mesmas, de acordo com aquilo que lhe é próprio, serão duas visões e não poderão ser vistas simultaneamente. Se, porém, dirigir-se para toda a linha, compreendendo uma e outra parte, haverá uma visão e verá simultaneamente toda a linha. Ora, todas as coisas que estão ordenadas entre si são, de fato, muitas, enquanto são certas coisas consideradas em si mesmas, mas são uma em relação àquilo que as ordenam entre si. E, por isso, o ato da alma que se dirige para essas coisas, na medida em que estão ordenadas entre si, é um só. Contudo, o ato da alma que se dirige para essas coisas, consideradas em si mesmas, são muitos. Isso fica claro na consideração da estátua de Mercúrio. Se alguém a considerasse como sendo certa realidade, terá uma consideração dela e outra de Mercúrio, da qual a estátua é imagem. Mas se considerasse a estátua como a imagem de Mercúrio, dar-se-á o mesmo modo de consideração da estátua e de Mercúrio. De modo semelhante, quando o movimento da vontade se dirige para o fim e para essas coisas que são meios para o fim, dirigir-se-á para elas enquanto ambas são certas realidades existentes em si mesmas e haverá diversos movimentos da vontade. E, assim, é verdadeira a opinião que diz que a intenção de fim e a sua vontade para essas coisas, que são meios para o fim, são diversos atos. Contudo, se a vontade se dirigisse para um deles, enquanto tem alguma relação com o outro, assim haverá um só ato da vontade para ambos. E, assim, será verdadeira a opinião que afirma que é um ato a intenção do fim e sua vontade para essas coisas que são meios para o fim.

Mas se se investiga retamente a noção de intenção, encontra-se que esta opinião é mais verdadeira do que a outra. Não se denomina, pois, a intenção o movimento do ato da vontade para o fim, se for considerada em absoluto, mas a denomina simplesmente querer. Mas a intenção se diz inclinação da vontade para o fim, na medida em que no fim terminam essas coisas que são meios para o fim. Com efeito, o que quer a saúde se diz que a quer absolutamente, mas só se diz que a intenciona quando quer algo por causa da saúde. E, por isso, deve-se conceder que a intenção não é algum ato numericamente distinto da vontade.

Respostas aos argumentos

1. Respondo, portanto, dizendo que, ainda que um só ato não possa ser bom e mal, porém, algum ato pode ser mal com alguma circunstância boa como, por exemplo, um ato vicioso se alguém come mais do que deve, ainda que coma quando deva. E, assim, a vontade pela qual alguém furta para dar de comer aos pobres é um ato mal absolutamente, tendo, porém, alguma circunstância boa, pela qual, pois, põe-se como uma das circunstâncias.

2. Respondo, dizendo que as palavras do Filósofo devem ser entendidas quando se refere ao meio, pois quando se passa através do meio até o término, então o movimento é uno em número. E, assim, quando a vontade se move para isso que são meios para o fim, com ordem ao fim, é um só movimento.

3. Respondo, dizendo que, quando a conclusão e o princípio são considerados ambos por si, são diversas as considerações. Mas, quando se considera o princípio em relação à conclusão, é a mesma consideração para um e outro, como ocorre no silogismo.

4. Respondo, dizendo que o fim e as coisas que são meios para o fim são um só objeto, enquanto se considera um em relação ao outro.

ARTIGO 15

DÉCIMO QUINTO, PERGUNTA-SE SE A ELEIÇÃO É ATO DA VONTADE[142]

E parece que não, mas da razão.

142. Outros lugares: *In II Sent.* d. 24, q. 1, a. 2; *Sum. Theo.* I, q. 83, a. 3 e I-II, q. 13, a. 1; *In III Ethic.* lect. 6 e 9; ibid. VI, lect. 2.

Argumentos

1. Com efeito, a ignorância não é da vontade, mas da razão. Ora, a perversidade da eleição é certa ignorância. Por isso se diz que todo mau é ignorante com ignorância de eleição, como fica claro no livro III da *Ética.*[143] Logo, também a eleição é da razão.

2. Além do mais, como pertencem à razão a investigação e a argumentação, assim também a conclusão. Ora, a eleição é como certa conclusão da deliberação, como fica claro nos livros III e VII da *Ética.*[144] Logo, como a deliberação é da razão, a eleição, de modo semelhante, será da razão.

3. Além do mais, segundo o Filósofo no livro VIII da *Ética,*[145] o principal da virtude moral consiste na eleição. Ora,

143. ARISTÓTELES, *Ethica Nicomachea*, III, c. 3, 1110b28.

144. ARISTÓTELES, *Ethica Nicomachea*, III, c. 8, 1112b20; VII, c. 3, 1147a24 ss.

145. ARISTÓTELES, *Ethica Nicomachea*, VIII, c. 13, 1163a22.

como ele mesmo diz no livro VI da *Ética*,[146] isso que é da prudência nas virtudes morais é o principal que completa formalmente a noção de virtude. Logo, a eleição pertence à prudência. Ora, a prudência está na razão. Logo, também a eleição.

4. Além do mais, a eleição implica certa seleção. Ora, distinguir é da razão. Logo, também eleger.

Ao contrário

1. É que eleger é optar por uma das duas propostas, como fica claro por Damasceno.[147] Ora, optar é ato da vontade, e não da razão. Logo, também eleger.

2. Além do mais, o Filósofo diz no livro III da *Ética*[148] que a eleição é o desejo previamente deliberado. Ora, o desejo é da vontade, e não da razão. Logo, também a eleição.

Respondo

Respondo, dizendo que a eleição tem em si algo da vontade e algo da razão. Contudo, se for ato propriamente da vontade, ou da razão, o Filósofo parece deixar sob dúvida no livro VI da *Ética*,[149] onde diz que a eleição ou é apetite intelectivo, isto é, apetite em relação ao intelecto, ou intelecto apetitivo, isto é, intelecto em relação ao apetite. No entanto, é verdade o primeiro, a saber, que seja ato da vontade em relação à razão.

Com efeito, que seja diretamente ato da vontade, é claro por dois motivos. Primeiro, por causa do objeto, porque o objeto pró-

146. ARISTÓTELES, *Ethica Nicomachea*, VI, c. 11, 1144b1 ss.

147. JOÃO DAMASCENO, *De Fide Orthodoxa*, II, c. 22: PG 94, 945 B.

148. ARISTÓTELES, *Ethica Nicomachea*, III, c. 6, 1112a15.

149. ARISTÓTELES, *Ethica Nicomachea*, VI, c. 2, 1139b4.

prio da eleição é isso que é para o fim, que pertence à noção de bem, que é objeto da vontade, pois o bem se diz também do fim, como o honesto ou o deleitável, e o que é para o fim, como o útil. Segundo, por causa do ato, pois a eleição é a última acepção pela qual algo se toma para seguir, o que, de fato, não é próprio da razão, mas da vontade. De fato, por mais que a razão prefira um a outro, ainda não foi aceita para agir, até que a vontade se incline a um mais do que a outro, pois a vontade não segue a razão por necessidade. Ora, a eleição é ato da vontade não absolutamente, mas em relação à razão, por isso, na eleição aparece isso que é próprio da razão, a saber, comparar um a outro, ou preferir. E isso, de fato, encontra-se no ato da vontade por impressão da razão, a saber, enquanto que a própria razão propõe algo à vontade, não absolutamente como útil, mas como útil para o fim.

Portanto, assim, fica claro que os atos da vontade são o querer e o intender. Ora, querer enquanto que a razão propõe à vontade algum bem absolutamente, ou é para elegê-lo por si, ou como fim, ou por causa de algo, como o que é para o fim, pois a um e a outro chamamos querer. Ora, eleger é ato da vontade, na medida em que a razão lhe propõe o bem como mais útil para o fim. Contudo, intender, ocorre, na medida em que a razão lhe propõe o bem como fim a conseguir, a partir dessas coisas que são meios para o fim.

Respostas aos argumentos

1. Respondo, portanto, dizendo que a ignorância se atribui à eleição quanto a isso que tem da razão.

2. Respondo, dizendo que a investigação prática tem dupla conclusão: uma, que está na razão, a saber, a sentença, que é juízo da deliberação; outra, porém, que está na vontade e, desse modo, é a eleição. E se diz conclusão por certa similitude, porque, como nas coisas especulativas, o último se estabelece na conclusão, assim, também, nas operativas, o último se estabelece na operação.

3. Respondo, dizendo que se diz que a eleição é o principal na virtude moral, tanto pela parte do que tem da razão, quanto pela parte do que tem da vontade, pois uma e outra se referem à noção de virtude moral. E se diz que a eleição é o principal em relação aos atos exteriores. Por isso, não é necessário que a eleição seja totalmente ato da prudência, mas que participe em algo da prudência, como também da razão.

4. Respondo, dizendo que a seleção se encontra na eleição, enquanto pertença à razão, cuja propriedade segue a vontade ao eleger.